KB145657

동호인
배드민턴

나로 하여금 진정한 배드민턴 세계로 이끌어 기초를 잡아주고 생각의 깊이를 더해준 존경하고 사랑하는 전석훈 코치(현 경남과학기술대학교 배드민턴팀 감독), 언제나 조언을 아끼지 않으시며 나의 멘토이기도 한 경남청솔회 홍진우 고문, 나이에 걸맞지 않게 기술과 체력이 빼어난 올빼미클럽 정종익, 이순옥 회원, MBC 영남 최강전 등의 TV프로에서 국가대표 출신 엘리트로서 동호인들의 잘못된 플레이를 예리하게 지적하는 정미경 해설위원, 그리고 지금은 고인이지만 배드민턴의 전술적인 면을 독특하게 기술한 『Advanced badminton』의 저자 Wynn Rogers, 그 외 나와 배드민턴을 같이 즐기고 있는 수없이 많은 동호인들에게 이 글을 바친다.

개정판을 내면서

'동호인 배드민턴'을 출간한 지 근 삼 년이 흘렀는데, 비록 '해리 포터' 같은 베스트셀러는 아니지만 지금도 꾸준히 주문이 지속되어 스테디셀러로는 확실히 자리 잡은 것 같다. 그동안 이렇게 자리 잡도록 책을 구입해 주신 모든 동호인에게 뜨거운 감사를 드린다.

처음 책을 발간한 이유가 동호인들의 빠른 실력 향상에 도움을 주기 위함이었는데, 독자들이 보내온 이메일 중에 "책을 읽은 후 경기 전체에 큰 변화와 발전이 있어 뭐라고 감사해야 할지 모르겠다."는 말이 나를 기쁘게 했다.

'동호인 배드민턴'의 구성은 세 파트로 나눠져,
part 1. 기초
part 2. 레벨 업
part 3. 실전 어드바이스인데, 이번 개정판은 여기에
part 4. 대회 전략을 추가시켰다.

이렇게 추가한 이유는 공부는 잘해도 수능시험을 칠 때 자기 실력을 제대로 발휘 못 해 시험을 망치는 학생들이 많듯이, 평소에는 공을 잘 치지만 큰 대회에 나갔다 하면 시합을 망치는 동호인들을 흔히 보았기 때문이며, '어떻게 하면 큰 경기에서 자기 실력을 100% 발휘할 수 있을까?'하는 점을 고려하였다.

이 글은 경남과학기술대학교 배드민턴부 선수들을 대상으로 저자가 강의해왔던 '배드민턴의 멘탈'이라는 강의에 비록 주관적이기는 하지만 저자의 개인적인 경험을 가미하였다. 오랜 고심 끝에 나온 글이라는 점을 이해해 주기 바라며, 또한 이 책을 읽음으로써 여러분의 배드민턴 인생과 경기 운영에 많은 도움이 되기를 바랄 뿐이다.

2019년 10월
저자 이종인 올림

목 차

서두序頭에

2004년 5월의 일이다.

테니스를 10년 넘게 운동하다가 4년 전부터 그만둔 상태로 체중이 테니스 할 때보다 10kg 이상 늘고 계단을 오르기만 하면 숨이 차서 '이대로는 도저히 안 되겠다. 정말 무슨 운동이라도 해야지, 안 그러면 큰일이 나겠다.'는 생각이 자주 들 때였다.

그렇지만 전에 운동했던 테니스는 식상해 다른 새로운 운동이 없을까 고심하던 차에 마침 나에게 치료받던 환자가 적극적으로 생활체육 중 하나인 배드민턴을 추천했다.

그래서 꼬박 보름 남짓 밤마다 체육관에 가서 동호인들이 하는 경기를 구경했는데 도대체 50을 넘긴 나이에 배드민턴이라는 이 격렬한 운동을 감당해낼 것 같지가 않아서 감히 시작할 엄두가 나지 않았다.

그렇게 계속 망설이고 주저하기만 하던 중 일단 저질러놓고 보자는 '지름신'이 보살피셨는지 얼떨결에 올빼미클럽에 가입하게 되었고 그렇게 시작한 배드민턴이 어언 13년째를 맞이하고 있다.

그렇지만 아직도 초보 때의 힘들었던 기억들이 잊히지 않고 요즈음 시작하는 입문자를 보면 애틋한 마음이 들어서, 미력하나마 동호인들에게 도움을 줄 수 있지 않을까? 라는 생각에 내 경험에서 나온 '배드민턴을 할 때 나름 중요한 핵심 포인트는 이것 아닐까?' 하는 점을 글로써 요약하고 싶어졌다.

그런데 옛날 공부할 때의 습관은 어쩔 수 없는가 보다.

어떤 분야든 시작했다 하면 그에 관련된 모든 책을 섭렵해야만 직성이 풀리는 나의 성격 때문에 배드민턴을 시작할 때부터 배드민턴에 관련된 모든 국내 서적뿐 아니라 아마존에 나와 있는 영어 서적도 샅샅이 통달해 보았는데 실망스럽게도 천편일률적으로 기초적인 부분만을 피상적으로 언급할 뿐이었다. 실력을 늘려보고자 배드민턴을 좀 더 깊이 파고들고 싶은 욕심이 컸지만, 문제는 영어권에서 배드민턴은 비인기 종목이라서 그런지 골프나 테니스와 비교하면 책이 빈약했고 특히 깊이 있는 전술을 언급하는 책은 거의 없었다.

물론 배드민턴은 머리로 또는 이론으로 풀어야 하는 분야가 아니라 순전히 몸을 사용하는 운동으로 몸이 우선 따라가야 하는 점을 잘 알고 있다.

그렇지만 비록 아무리 운동을 단순히 즐기기 위한 취미로 하는 동호인이라 할지라도 이론적 바탕에 입각한 전술도 없이, 머리는 거의 사용하지도 않은 채, 그냥 되는 대로만 공을 치면 금방 한계에 부딪히고 만다는 점은 불을 보듯 빤한 이치일 것이다.

그런 점에서 비록 지도자가 쓴 글은 아닐지라도 뒤늦게 늦바람(?)이 나서 배드민턴의 밑바닥부터 시작하여 '어떻게 하면 잘 칠 수 있을까?' 부단히 노력했던 동호인의 한사람으로서 느끼고 고민한 점을 서술한 이 글이 여러분의 배드민턴 인생에 도움이 됐으면 하는 바람이다.

도움도 그냥 도움이 아니라 동호인의 측면에서 볼때, 정말 실감이 가고 공감을 불러일으켜 항상 곁에 두고 슬럼프가 왔을 때마다 찾아서 읽게 되며 두고두고 마음에 새길 수 있는 글이 되기를 원한다면 너무 거창한 생각은 아닐지 모르겠다.

글을 시작하기에 앞서

이 책은 결코 '초보 입문서'가 아니다.

각각의 스트로크 등 배드민턴의 입문에 관한 자세한 설명이 필요하다면 국내외 여러 다른 서적에 자세히 소개되고 있으니 다른 도서를 참고하는 게 좋겠다는 생각이다.

내가 말하고자 하는 내용을 한마디로 요약하면 서두에 언급되었듯이 '배드민턴을 할 때 나름 중요한 핵심 포인트는 이것 아닐까?' 라는 것이다.

특히 어릴 때부터 기초를 단단히 다져온 선수 출신 엘리트가 아니라, 몸도 마음도 배드민턴을 전혀 접한 적이 없이 살아온 평범한 사람들이 생소한 배드민턴을 접할 때 '어디에 주안점을 두어야 시행착오를 줄이고 빠르게 기량향상을 꾀할 수 있을까?' 하는 점에

착안한 저자의 경험을 적은 글이다.

나름대로는 많은 고심 끝에 이 글을 썼지만, 그 내용이 전부 옳다고는 주장하지 않겠다. 왜냐하면, 사람마다 신체조건과 특성이 제각기 다를 것이기 때문이다. 그래도 대부분의 사람들의 공통적인 면을 고려해서 쓴 글이라 자부하기 때문에 많은 동호인이 공감하고 이해해 주시면 더할 나위 없겠다.

아울러 서술한 내용 중에 일부분은 저자가 아닌 다른 사람들의 생각이나 주장 중에 공감이 가는 내용을 서술했음을 미리 밝혀두는 바이다.

우리는 왜 배드민턴에 열광하는가?

– 비록 입문서는 아닐지언정 입문자들에게 드리고
싶은 부탁

생활체육 동호인 중에 배드민턴 인구가 무려 400
만 명이 넘어 숫자로서 단연 수위를 차지한다고 말들
을 한다.

그런데 주지하듯 배드민턴은 가혹한 운동이라 시
작해서 지속적으로 운동을 할 확률이 그다지 높지
않다. 즉 열 명이 입회하면 일 년 지나 고작 한두 명
만 살아남는데 이마저도 이 운동을 과연 계속 해야
하나 아니면 접을까 심각한 고민 중인 경우도 많다.

아니 일 년씩이나 했는데 왜 계속 해야 할지를 고
민해야만 할까?

그 이유야 많을 것이다.

뚜렷하고 가시적인 발전이 보이지 않으니까(딴 운동과 달라 배드민턴은 예민하고, 강약조절이 필요하고, 터득해야 할 기술이 다양하여 일 년 가지고는 정말 어림도 없다!) 혹은 자기보다 늦게 들어온 사람이 자기를 밟고(?) 승승장구하는 모습을 보고는 자존심이 상해서, 또는 일 년이 지나도 조금 친다는 사람들이 자기는 무시하고 다른 사람만 잡아주니까 '내가 이 운동 아니면 할 운동이 없을까 보냐?'면서 배드민턴 운동에 회의를 느껴서 등등 무수히 많은 이유가 널려있다.

그렇지만 나의 개인적 생각으로 배드민턴을 계속하는 사람과 못 버티고 그만두는 사람의 차이는 오로지 한가지 이유라고 생각한다.

바로 마음가짐이다!
운동신경, 신체조건, 시간적 경제적 여유 등은 중요한 요소가 아니다.
배드민턴은 결코 만만한 운동이 아니므로 시작할

때 얼마나 독하게 마음먹었느냐 하는 정도에 따라 판가름이 난다고 생각한다. 즉 생각지도 않은 어떤 난관이 닥쳐도 끝까지 포기하지 않겠다는 굳은 결심 여하에 따라 배드민턴의 지속 여부가 결정된다고 확신한다.

더욱 많은 초보 회원들이 살아남길 바라면서 다시 한 번 강조하는 말이지만 '정말 독하다' 할 정도의 정신무장이 초보에게는 무엇보다 중요하다고 강조하고 싶다!

그런데 "왜 내가 온갖 무시와 수모(?)를 겪으면서까지 이 운동을 계속 해야 하나?" 하는 이유가 뭘까? 같이 생각해보자.

내 건강을 위해? 맞는 말이다. 나이가 들면 들수록 유산소운동을 한 사람과 안 한 사람의 육체적인 나이는 차이가 점점 벌어진다. 그러니 장수뿐만 아니라 건강하게 살 수 있는 기간(건강수명)이 엄청나게 길어질 테니까. 의학적으로도 심장에 약간 부담을 주는 배드민턴 같은 운동을 하면 혈관 속의 나쁜 찌꺼기가 깨끗하게 청소되어 동맥경화를 막아주고 심장이 튼튼해지는 사실이 밝혀졌다.

그리고 운동을 함으로써 각 근육 미토콘드리아 속에 잠자고 있던 생명체의 주 에너지원인 ATP(Adenosin Triphosphate, 아데노신3인산)가 활성화되고 그 수가 엄청나게 늘어나 신체에 활력과 에너지를 주기 때문에 운동을 하는 사람들의 얼굴은 동안을 유지하고 탄력을 보인다.

스트레스 해소를 위해? 그럼! 운동함으로써 세상사 고민을 깨끗이 날릴 내 마음 속의 환기구(창문)가 만들어진다. 사실 스트레스가 건강과 수명, 암의 발생에 지대한 영향을 미친다. (초보 때는 공이 잘되지 않아 받는 스트레스도 무시 못 하지만 그래도 해소되는 스트레스가 훨씬 큼)

건전한 방향으로 중독을 유도하기 위해? 운동하는 사람들은 대체로 한 곳에 빠지면 잘 헤어나지 못

하는 중독성 경향을 가지고 있다. 그래서 그나마 사회적으로 용납이 되는 건전한 취미를 가져 쓸데없는 곳에 돈을 낭비하지 않는 것이 더 바람직하지 않을까?

가족애를 돈독하게 하기 위해? 옳은 말씀. 가족이 배드민턴을 같이하는 사람들은 정말 축복받았다고 본다. 같은 관심을 가지는 분야가 생기고 대화를 나눌 소재가 풍부해지므로 부부애가 더욱 깊어질 것이다.

그 외에도 좋은 점은 너무나 많다. 우선 생각나는 것은 배드민턴을 함으로써 혈압을 낮추고, 혈당도 낮추고, 심지어 골다공증이나 치매 예방에도 탁월한 효과가 있고 엔돌핀도 많이 분비된다.

알고 보면 이렇게 좋은 배드민턴을 왜 마다하겠는가! 중도에 포기하는 사람은 이런 점을 잘 모르는 것 같아 보기에 안타깝다. 부디 나처럼 많은 초보 회원

들도 지속해서 배드민턴이라는 천혜의 운동특권을
마음껏 누리시기를 기원한다.

PART 1

기초

0 1

배드민턴의 세 가지 기본핵심

1. 모든 샷에서 몸을 셔틀콕 뒤에 위치시키고 뒷발에서 앞발로 체중 이동을 하면서 치도록 한다.

이것이 가장 중요한 기본이며, 피곤하거나 게을러이 기본이 지켜지지 않으면 아무리 이용대 같은 챔피언이라 할지라도 샷의 효과를 잃어버리게 된다.

그 반면 이 기본이 잘 지켜지면 샷에 힘이 제대로실리고 성공도가 높아질뿐더러 베이스(base, 기지)

로의 복귀도 더 빨라지게 되어 다음 공에 대한 대응이 쉽게 이루어진다.

2. 대부분의 샷에서 라켓 면이 셔틀콕에 직각으로 맞게 쳐야 한다.

이 원칙은 특히 최대의 힘을 필요로 하는 스매시, 드라이브 그리고 백핸드 클리어에서 요구된다.

만약 셔틀콕이 빗맞게 되면 효율이 떨어져 반드시 스피드와 거리에서 손실이 발생한다.

물론 빠른 커트 드롭(Fast Cut Drop) 같은 예외도 있는데, 스매싱과 똑같은 동작으로 빠르게 스윙하되 라켓이 셔틀콕을 치는 순간 의도적으로 빗겨쳐서 빠르게 툭 떨어뜨리는 드롭을 말한다.

이런 예외적인 상황을 제외한 대부분의 경우 셔틀콕에 라켓 면이 직각으로 맞아야 힘과 방향을 기약할 수 있다.

3. 가능하면 더욱 높은 곳에서 셔틀콕을 쳐야 한다.

더욱 높은 곳에서 셔틀콕을 치면 공은 더 빨리 떨어지고 더 짧게 떨어진다.

그 반면 낮은 곳에서 치면 상대방에게 대비할 시간을 더 주며, 비행 거리도 늘어나 효과가 떨어진다. 심지어 아웃이 되기도 한다.

잘 알다시피 젊은 선수들이 에너지 소모가 극심한데도 불구하고 기를 쓰고 점프 스매싱을 하는 이유가 바로 이것 때문이다.

0 2

닥공(닥치고 공격)

아시다시피 배드민턴은 네트를 사이에 두고 경기하는 운동이므로 공을 상대편으로 보내려면 좋든 싫든 반드시 155cm 높이의 네트를 넘겨야만 한다.

따라서 네트를 사이에 두고 경기하는 탁구, 테니스, 배구 심지어 족구가 그렇듯 네트를 중심으로 조금이라도 위에서 아래로 보내는 쪽이 공격이고 조금이라도 아래에서 위로 보내는 쪽은 수비로 확실히 구분된다. (경기를 하다 보면 간혹 네 사람이 코트에 나

란히 서서 맞 드라이브로 네트에 평행되게 랠리를 교환해서 구분이 되지 않는 경우도 있겠지만)

그런데 왜 사람들은(특히 엘리트 선수들은) 가능한 수비가 아니라 공격을 하려고 기를 쓸까?

그 이유야 간단하다. 공격이 이길 확률이 훨씬 높기 때문이다.

물론 초보 때는 오히려 좋은 수비로 공격을 이길 경우가 더 많다. 그러나 기량이 올라갈수록 수비가 이길 확률은 점점 줄어든다.

즉 초보 때는 공격과 수비의 승률이 4:6이라면(10회 공격하면 4회 이긴다는 뜻) 곧 5:5가 되었다가 A조에 도달하면 7:3 또는 8:2가 되며 엘리트 선수의 경우는 거의 10:0이 된다. 즉 엘리트 선수들은 한번 공격기회를 잡았다면 열 번 스무 번을 쳐서라도 끝을 내어버린다는 뜻이다.

따라서 하루 이틀 운동할 거라는 생각이 아니라면 무조건 공격을 할 수 있는 여건을 만들 공을 만들기에 모든 관심을 주력해야만 할 것이다.

그러면 어떻게 해야만 공격기회를 잡을 수 있을까? 서브는 뜨지 않고 될 수 있는 한 낮게 낮게 보내야 한다. 그래야 상대방이 올려치게 된다. 그러려면 틈나는 대로 레슨 공 한 박스로 서브 연습을 꾸준히 해야겠지! 간혹 기습적인 롱 서브를 보낼 수도 있겠지만, 상대방의 페이스를 허물기 위한 목적으로만 사용하되 될 수 있는 한 자제해야 한다. (물론 상대방의 스매시가 약하면 일부러 사용할 수도 있겠지만)

초보자 중에 롱 서브를 즐겨하는 분이 계시는데 기량이 올라가면 즉각 스매싱으로 반격당하므로 제발 달콤한 유혹(?)에 빠지지 말고 조심하시길.

서브 리턴을 될 수 있는 한 앞에서 잡아(공이 더 떨어지기 전에) 드라이브, 중간 공, 헤어핀, 푸시로 연결할 것을 추천한다. 특히 아무 생각 없이 언더로 길게 뒤로 보내는 경우는 스매시, 드롭 등 상대방의 공격을 유발시켜 상대방이 볼 때는 아무 힘도 들이지 않고 자기가 바라던 대로 편안하게 공격권이 넘어오므로 이보다 더 좋을 수는 없을 것이다.

경기 중 드라이브도 될 수 있는 한 낮게 낮게 보내야만 하는 이유도 이제 이해가 될 것이다.

경기 중에 상대편이 클리어로 공을 보내왔을 때 아무 생각 없이 다시 클리어로 보내는 것만큼 어리석은 행동은 없다. (왜? 공격권을 다시 넘겨주므로) 이때는 상대방이 예측하더라도 반드시 스매시나 드롭을 해야 우리 편에서 계속 공격권을 가지게 된다.

사실 이렇게 말해 놓고 보니 여러분들은 불만이 생길지도 모르겠다. "말이야 쉽지!" 그래도 배드민턴 경기에 대한 이 중요한 개념 없이는 발전에 한계가 있다고 확신하기에 언급하니 이해해주길 바란다.

0 3

리턴 죽이기

앞에서 '아무 생각 없이 공을 붕붕 띄우지 말라'는 점을 강조했는데 사실이 그렇다. 나도 공을 띄우는데 그 이유는 상대방이 잘 쳤다는 점도 있지만 궁색한 변명이겠지만(?) 몸이 늙어서인지 반사 신경이 느려진 데다가 체력도 쉽게 고갈되며, 네트 플레이에 대한 본능적 공포가 마음속 깊이 자리 잡고 있기 때문이다. 사실 네트 플레이 하다가 상대편이 친 푸시에 왼쪽 눈을 네 번이나 정통으로 맞았고 그때마다 안구의 전방출혈이 되어 안과에서는 한 번 더 맞으면 눈이 실명되니까 더 이상 배드민턴을 하지 말라고 선언 받은 상태이다. 그래서 경기할 때는 불편하더라도 될 수 있는 대로 스포츠안경을 착용하여 눈을 보호하고 있다. 그렇지만 타이밍이 아주 늦은 경우라면 몰라도 가능한 한 뒤로 붕 띄우는 것은 피하려고 애쓰고 있다.

앞에서 공을 띄우지 않을 여러 방법을 말했는데 한 가지 빠진 게 있다.

이것을 여러분에게 요구하기는 사실 무리이며 나 자신도 아직은 자유자재로 되지는 않지만 아주 중요해서 언급하니 이해해 주시기를.

즉 상대방 스매싱을 리턴 하는 데 그냥 붕붕 올려주는 것보다는 공을 살짝 죽여 네트 가까이 떨어뜨리거나 되치기로 양 사이드로 제치는 방법을 말한다. 이 방법은 처음부터 잘될 리는 결코 없을 것이며 수많은 실수를 거쳐야만 되는 상당히 고난도의 기술에 속한다.

그래도 이 방법이 통하면 매우 좋은 점은 한 방에 공수전환이 된다는 점이다!

즉 상대방의 스매싱으로 인한 수비에서 일거에 탈출하며 때로는 바로 우리 편이 공격할 수 있게 되는 점이 너무 매력적이다. 여러분들에게 요구하기엔 무리일지 모르겠지만 많은 관심을 가지길 바란다.

덧붙여 말해 이 기술을 구사하려면 상대편 스매싱이 예상될 때 겁을 먹고 너무 뒤로 빠지면 안 되며 오히려 자기 생각보다 한 발짝 코트의 앞으로 다가가 정신을 바짝 차리고 준비해 공을 가능한 한 몸 앞에서 빨리 쳐야 하는 점도 잊어서는 안 된다.

<u>04</u>

세 살 버릇 여든까지 간다

혹시 '세 살 버릇 여든까지 간다.'는 속담을 아시는지? 운동을 하는데 이보다 더 중요한 말은 없을 거라고 나는 확신한다.

이 말의 뜻은 초보 때 익힌 폼이 죽을 때까지 계속된다는 아주 무서운 말이기 때문이다.

이 말처럼 어떤 운동을 배우든 간에 처음이 정말 중요하다. 그래서 폼이 완성되는 기간(운동에 따라 다르겠지만 배드민턴의 경우 첫 일 년)에 어떻게 행동했느냐가 남은 배드민턴 인생을 좌지우지한다.

물론 누구나 처음에는 내 건강을 위해 운동한다는 가벼운 마음으로 시작했을 것이다. 그러나 한두 해 할 거라는 생각이 아니라면 다시 한 번 냉정하고 심각하게 생각해보라고 권하고 싶다.

초보 때는 우리 몸이 난생처음 접하는 새로운 동작을 받아들이고 적응하는 기간이므로 만약 이때 잘못된 동작을 받아들이면 뇌와 근육이 잘못된 정보에 익숙해져 버려 아주 자연스럽게 잘못된 동작을 보이게 된다. 세월이 흐른 몇 년 후에 새롭게 마음먹고 시간과 돈을 투자해 잘못된 폼을 뜯어고친다고 레슨을 받는다는 둥 부산을 떨어봐야 별 효과가 없고 약간의 개선 효과만 보일 뿐이라고 장담할 수 있다.

따라서 현실적으로 불가능할지도 모르지만, 입문과 동시에 레슨을 받아 정확한 동작을 습득하기를 강력히 추천한다. (돈이 아깝지만!)

얼마 동안? 가능하면 오래 받을수록 좋겠지만, 기본은 일 년.

왜? 우리 몸의 근육이 한 동작을 자연스레 수행하려면 최소한 만 번의 반복이 필요한데(근육 기억 메커니즘에 의해) 이때의 소요기간이 일 년쯤 된다.

만약 레슨을 받을 형편이 안 된다면 어떻게 되나, 희망이 없나? 그렇지는 않을 것이나 엄청나게 고생을 해야 할 거로 생각한다. KTX 시대에 통일호를 타는 것과 같지 않을까. 자연산(No 레슨)이 양식(레슨)보다 나쁜 점은 잘못된 동작으로 발전에 한계가 있고, 부상이 많이 오고, 동작이 커 에너지 소모가 많다는 점이다.

사실 자연산 중에는 입문할 때 레슨만 제대로 받았더라면 타고난 운동 재능이 멋지게 만개했을 텐데 잘못된 동작으로 발전이 어느 부분에서 멈추어버린 아까운 경우를 흔히 보게 된다.

그럼 레슨만 받으면 OK인가? 그렇지는 않다. 반드

시 레슨을 받고 나면 혼자서 하루 30분 정도 시간을 투자하여 철저히 복습을 해야만 자기 것이 된다. 절대 레슨만 받아서는 크게 도움이 되지 않는다는 점을 명심할 것.

사실 첫 일 년 동안은 자연산이 양식보다는 발전이 빨라 훨씬 더 잘 치는 것처럼 보여서 레슨 받는 수많은 사람들이 회의에 빠지기도 하지만 양식의 위력은 서서히 나타나서 꾸준히 지속하기 때문에 멀리 보고 결코 서둘 필요 없이 느긋하게 마음을 먹기 바란다.

'끝에 웃는 자가 진정한 승리자'가 아니겠는가!

0 5

위치 선정

배드민턴 경기를 하는 모습을 보면 금방 초보자를 구분할 수 있다.

왜 그럴까? 초보자는 뭐가 다르길래?

쉬운 실수를 많이 하니까. 맞는 말!

몸이 경직되어 뻣뻣하고 아주 힘들게 공을 치니까. 물론!

자신감이 없고 뭔가 쭈뼛쭈뼛하며 쉽게 당황하니까. 그럼!

강약을 구분 못 해 항상 강하게만 혹은 항상 약하게만 치니까. 당근이지!

이처럼 초보자와 그렇지 않은 사람과의 차이는 여러 가지가 있다.

그러나 이런 현상을 모두 극복하여 온몸에 힘이 빠지고, 공을 치는 순간에만 힘을 집중하고, 동작이 유연하고 부드럽게 되더라도 마지막 어려운 관문이 하나 남아있다.

그것은 바로 우리 편에서 상대편으로 공이 날아가고 있을 때 어떤 준비 동작을 했느냐가 초보와 베테랑을 구분 짓는 결정적으로 중요한 기준이라고 확신한다.

머리가 아주 영리한 박지성을 보라! 경기 중 쉬지 않고 움직이며 가장 공이 올 확률이 높은 지점으로 계속 움직이고 있다. 그런데 초보 때는 사실 공이 어디로 날아올지 느낌이 오지 않기 때문에 위치선정에 엄청나게 애를 먹는다.

특히 우리 동호인은 복식경기만 하니까 파트너와의 관계로 더욱 까다롭고 변수가 많다.

정말 올바른 위치선정을 할 수 있는 능력은 하루아침에 되는 게 아니라 수많은 시행착오를 거쳐 거의 감각적인 본능으로 되는 것이라서 앞에서도 내가 언급했듯이 배드민턴은 결코 일 년 가지고는 절대로 잘 치지 못한다고 단정한 이유가 바로 이것 때문이다.

이 올바른 위치선정은 그때그때 상황에 따라 달라지기 때문에 유감스럽게도 명쾌한 말 한마디로 정답을 설명할 수 없고 각자가 몸으로 느껴야만 하는 부분이라 많이 고민해보기를 당부드린다.

그러나 다행스럽게도 대략의 기본원칙은 있다!

상대가 공을 올려 내 파트너가 치려고 할 때는(즉 우리가 공격 찬스를 잡았을 때) 숫자 1처럼 '탑 앤드 백'(Top & Back) 시스템을 갖추기 위해 네트 쪽으로 들어가야만 한다. (연상이 안 되면 쉽게 말해 혼합복식 진영이라고 생각할 것)

반대로 우리가 올려 상대의 공격이 예상될 때는 코트를 나란히 양분하여 옆으로 나란히 선 형태인 '사이드 바이 사이드'(Side by Side) 시스템으로 수비에 들어가야만 한다.

어찌 되었든 코트 안에서 그 상황에 맞는 적절한 위치를 찾아가기 위해서는 많은 실전 경험이 필요하다. 사실 초보자라도 허리 높이로 날아오는 공은 누구나 실수 없이 잘 쳐낼 수 있기 때문에 그만큼 위치 선정이 중요하다고 다시 한 번 강조한다.

그러면 초보자는 세월이 가기를 무한정 기다려야만 하나? 그렇지는 않다고 본다. 위치는 어디라 하더라도 일단 상대편이 공을 치는 순간, 걸음을 멈추고 올바른 준비 자세에 돌입하기만 하면 기량이 갑자기 올라가서 여러 회원들을 깜짝 놀라게 할 수 있다고 장담한다.

그럼 올바른 준비 자세는 어떻게 하는 것일까? 두 발을 어깨너비 정도로 벌려 오른손잡이는 약간 오른발을 앞으로 나오게 하여 뒤꿈치는 약간 들고, 무릎은 약간 구부려 탄력을 주며, 상체는 약간 앞으로 기울고, 라켓 헤드가 수비 때는(상대의 스매시가 예상될 때) 배꼽높이로 그렇지 않을 때는 눈높이로 들고 있는 자세(태권도 기마자세와 비슷함)를 취하면 된다.

여기다가 상대가 공을 치는 순간에 스타트 스텝(혹은 스플리트 스텝)을 해주면 만사 오케이가 된다.

그럼 스타트 스텝이란 무엇인가? 상대가 공을 치는 타이밍에 맞춰 양발을 살짝 뛰어주는 행동을 뜻한다. (마치 깜짝 놀란 모습처럼)

그 이유는? 상대의 공이 어디로 날아올지 모르지만 날아오는 방향에 맞춰 몸의 스타트를 쉽고 빠르게 해주기 때문에. 모든 엘리트 선수들은 크든 작든 반드시 이 동작을 하고 있음을 잘 관찰해보길 바란다.

물리학 법칙에 '정지해있는 물체는 계속 정지하려는 성질이 있고 움직이고 있는 물체는 계속 움직이려는 성질이 있다'는 말이 있다. 상대가 공을 보내면 우리 쪽은 반드시 움직여야만 하는데 이렇게 미리 예비 동작을 취해 움직이면 빠르고 쉽게 공을 따라갈 수 있기 때문이다.

　앞으로는 여러분들이 게임을 할 때마다 이것을 명심하여 준비 자세와 스타트 스텝을 철저하게 하여 하나의 습관으로 만들어버리면 나로서는 더할 나위가 없겠다.

0 6

전위 플레이

앞에서 코트 내에서의 올바른 위치 이동에서 상대편이 공을 올려 내 파트너가 잡으러 갈 때 네트 쪽으로 반드시 들어가야 한다는 '탑 앤드 백'(Top & Back) 시스템을 언급했는데 이 시스템이 너무나 중요하기에 부연 설명을 조금 하려고 한다.

왜냐하면 기량이 올라갈수록 게임의 승부가 점점 스매싱이 아니라 푸시나 드라이브 등 코트의 앞쪽에서 치는 샷에 의해 결정 나는데(엘리트 선수들의 경기에서는 거의 70%를 차지함) 이 샷이 나올 수 있게 해주는 시스템이 바로 '탑 앤드 백'(Top & Back) 시스템이기 때문이다.

즉 파트너가 뒤에서 스매시나 드롭을 하면 나는 전위에 서서 호시탐탐 느리게 오는 공이나, 짧은 공을 노려 상대를 압박해야 할 임무가 있기 때문이다.

따라서 전위에 서는 사람의 역할이 대단히 중요하다.

그런데 흔히 동호인들은 앞에 들어가는 것을 본능적으로 싫어하게 된다.

그 이유는 잘 아시다시피 앞에서는 공이 미처 반응하기도 힘들게 빠르게 휙 지나가기 때문이다. 또한 이 공을 내가 건드려야 하는지 아니면 뒷사람에게 맡겨야 하는지 순간적 판단을 빨리해야 하는데 이 판단이 정말 어렵다. (세월이 흘러야 함!)

그래서 초보 때는 앞에 들어가는 것을 극도로 무서워하며 만약 들어가더라도 아주 자신 없이 어정쩡한 자세로 안절부절못하는 모습을 흔히 보이게 된다.

게다가 대부분 너무 네트에 바짝 붙어 스윙할 공간마저 없어 라켓으로 네트를 건드는 모습도 자주 목격하게 된다. 심지어 나의 표현을 빌리면 '네트 밑에 안 보이게 꽁꽁 숨어서 숨바꼭질하는' 모습까지 보인다.

그러나 수많은 시행착오를 겪어야만 하겠지만, 전위로 들어갈 때 우선 자신감을 가지라고 당부하고 싶다. 그리고 그림을 너무 눈 가까이 대고 보면 그림의 한 부분 밖에 볼 수 없듯이 너무 네트 쪽으로 가까이 가면 경기 전체가 눈에 들어오지 않는다는 사실을 명심하기 바란다.

상황에 따라 조금 차이는 있지만 대개 T자 한발

뒤에서 라켓을 눈높이로 들고 서서 앞에서 말한 준비 자세와 스타트 스텝을 해준다.

여기서 조금 더 욕심을 낸다면 우리 편이 친 공이 스매싱이면 한발 더 물러나 대각선으로 제치는 리턴에 대비하고, 드롭이면 한발 더 앞으로 들어가 헤어핀에 대비하도록.

그리고 앞에서 치는 제1구를 결정구로 생각해서 잔뜩 힘주어 세게 치지 말고 '한 번 더 기다려보자'는 심정으로 신중하게 치고 그다음 공이 최종 결정구라고 생각하며 플레이에 여유를 보이면 더욱 좋겠다.

0 7

태핑(Tapping)

알다시피 배드민턴은 라켓이라는 도구를 사용해서 운동하는 경기인데 이 라켓에 많은 변화가 있었다. 옛날의 나무, 메탈을 거쳐 지금 카본, 그래파이트, 티타늄이라는 가볍고 탄성 좋은 재질로 만들어진 라켓으로 진화가 이루어져 옛날의 스윙 형태는 지금 전혀 맞지 않는다.

즉 지금은 라켓 무게가 기껏 90g 정도로 아주 가볍고, 게다가 샤프트 탄력이 좋아 공의 속도가 빨라진 데다 적은 힘으로도 코트 끝까지 보낼 수 있을 정도가 되었다.

따라서 이상적인 스윙의 원칙은 '보다 짧게, 보다 간결하게, 보다 앞에서, 보다 높은 곳에서, 그리고 보다 몸에서 먼 곳에서, 체중을 실어' 치는 것이다.

그 이유는 이해가 될 것이다.

'보다 짧게'와 간결하게 해야 하는 이유는 크게 스윙하다가는 다음에 바로 날아올지 모를 빠른 공에 대비를 제대로 못 하기 때문이다. (공의 속도가 그만큼 빨라졌다는 뜻)

보다 몸 앞에서, 높은 곳에서, 먼 곳에서, 체중을 실어(오른손잡이는 오른발을 내디디면서) 쳐야 좋은 이유는 그만큼 공격적으로 힘을 실을 수 있고, 상대방 타이밍을 뺏고, 보다 적은 힘으로 공을 보낼 수 있기 때문이다.

※ Part1_ 기초

23p_'배드민턴 세 가지 기본핵심'을 참조

그러면 구체적으로 어떻게 해야만 짧고 간결하게 칠 수 있을까? 답은 한 가지밖에 없다.

포핸드든 백핸드든 공을 칠 때 라켓을 느슨하게 검지부터 새끼손가락까지 네 손가락에 걸어, 치는 순간 갑자기 움켜잡는 일명 끊어서 치는 동작(Tapping이라고도 함)을 해야만 짧고 간결하게 칠 수 있으며 이것을 심심할 때마다 자주 연습하여 포와 백 그립 체인지 까지 자유자재로 구사할 수 있게 만들어야만 기량이 더욱 향상할 수 있다고 주장한다.

여러분들은 이 동작을 지금 당장 실전에 사용하기는 어렵겠지만, 부단히 연습하여 반드시 자기 것으로 만들기 바란다.

0 8

그립(Grip)

사실 라켓 잡는 법을 초보시절에 정확히 익히지 않으면 평생 고치지 못한다. 이 라켓 잡는 법(그립) 은 배드민턴 운동의 첫 단추를 채우는 아주 중요한 문제이다.

왜냐하면 배드민턴은 손목 스냅 운동이라고 해도 과언이 아닐 만큼 스냅이 자주 사용되는데 그립이 잘 못되면 손목스냅을 제대로 사용할 수도 없고 스윙 자 세도 틀어져 버리기 때문이다.

즉 잘못된 그립 때문에 잘못된 라켓 면이 나오게 되고 이 잘못된 라켓 면을 공에 바로 맞추기 위해서는 잘못된 이상한 자세가 저절로 만들어지기 때문이다.

따라서 초보 시절에는 자신이 어떻게 라켓을 잡는지 아주 예민해져야 한다고 생각한다.

여러 입문서나 인터넷을 통해 그립 부분의 설명을 잘 읽어보고 레슨 때도 질문하고 특히 올바른 그립을 찍은 사진을 자세히 관찰해 주길 바란다.

대략적인 설명을 하자면 원칙은 이러하다. 먼저 라켓을 지면과 수직으로 하고 똑바로 세워 라켓 손잡이의 끝(butt)을 보면 팔각형이 보이는데 맨 위의 면을 1로 하고 시계 반대방향으로 번호를 붙여 나가면 8로 끝날 것이다.

오른손잡이를 기준으로 설명한다면, 준비그립은 가볍게 악수하듯 엄지와 검지로 라켓의 제일 넓은 면(즉 3과 7면)에 같은 높이로 잡고 나머지 손가락은 라켓에 비스듬히 걸쳐 잡고 엄지, 검지 사이에 만들어진 V자는 정확히 1면의 중앙에 위치하며 이 V자와 라켓 사이에 손가락이 하나 들어갈 정도의 공간을 만들어 유연하게 포 혹은 백 그립으로 쉽게 돌아갈 수 있게 하면 된다.

포 그립은 준비그립에서 약간(약 15도라고도 함) 시계방향으로 돌려 잡으면서 검지가 방아쇠 당기듯 위로 나오고 엄지는 아래로 내려와 중지와 맞닿으면 된다.

백 그립은 반대로 시계 반대방향으로 약간 돌려 잡으면서 엄지가 위로 올라와서 라켓을 지지하고 검지는 중지와 맞닿게 내려오면 된다. 문제는 엄지가 라켓의 어느 면에 위치하는가 하는 것인데 요즈음의 추세는 라켓의 넓은 면인 3면이 아니라 좁은 면인 2면 혹은 2, 3면 사이의 모서리에 위치하라고들 권하는데 그 주된 이유는 포와 백 그립 변동 시 심한 변화를 줄이고자 하는 목적이다.

그래서 요즘 추세는 백핸드 클리어, 백핸드 스매싱 시에는 2, 3면 모서리에 엄지가 위치하며 엄지와 검지를 같은 높이를 유지하여 손목 스냅이 잘 들어가도록 권하고 있다.

단 백핸드 푸시 때는 엄지가 반드시 3면에 위치하기를 권하고 있다.

여기서 다시 한 번 그립에서 덧붙이고 싶은 말은 절대 라켓은 꽉 움켜지지 말라는 것이다. (물론 공을 치는 순간에는 꽉 움켜져야만 한다!)

치는 순간을 제외하고는 다른 사람이 라켓을 쉽게 빼낼 수 있도록 가볍게 쥐고 있어야만 날아오는 다양한 속도와 코스의 공에 잘 대처하여 그립 변화가 원활히 이뤄질 수가 있기 때문이다.

0 9

멘탈(Mental)

　궁극적으로는 모든 운동이 바로 멘탈(정신)에 직결되다는 점을 강조하고 싶다. 기술은 그다음 문제라는 엄연한 사실을 꼭 잊지 마시길!

평소 내가 생각하고 있는 좋은 멘탈 게임(Mental Game)이란

1. 누구나 실수하므로 자신의 실수를 빨리 머리에서 지울 것

2. 흥분하거나 주의가 산만하지 않고 공에 집중할 것
3. 끝까지 포기하지 말 것

이 세 가지이다.

그런데 쉽게 잘 이겨 나가던 게임이 끝에 뒤집어지는 것도 바로 멘탈이다. 뭔가 방심했거나, 상대를 우습게 봤거나, 아니면 따라오니까 초조해서 무리수를 두었거나 등등.

왜 우리는 경기에 임하는 처음과 끝의 마음가짐이 다를까?

게임 스코어가 비슷비슷하게 나갈 때의 마음가짐은 어떻게 해야 하나?

파트너가 예상보다 엄청나게 헤매고 어처구니없는 실수를 자주 할 때 나는 어떻게 해야 하나? 포기할까? 아니면 끝까지 최선을?

매치포인트에 몰렸을 때 나의 마음가짐은?

반대로 매치포인트로 이기고 있을 때의 나의 마음가짐은?

정답은 없지만 정말 어렵다!

이 문제들은 평생을 두고 풀어야만 할 난제 중의 난제다. 그러나 여러분들이여!

게임 중 당연히 부딪치는 수많은 어려움을 아주 즐겁고 기쁜 마음으로 차근차근 풀어나가시길 바란다. 왜냐하면 공자도 말하듯 재능 있는 사람은 노력하는 사람을 못 이기고, 노력하는 사람은 즐기는 사람을 못 이기기 때문이다.

그런데 바로 우리가 동호인 즉 같이 즐기는 사람이 아니었던가!

1 0

매너(Manners)

오랫동안 코트에서 남들에게 사랑받으며 운동하기 위해서는 아래의 스무 가지만 지키면 만사형통이 될 것이다.

< < < 나의 다짐 > > >

나는 서비스 반칙을 하지 않습니다

나는 상대를 자극하는 말을 하지 않습니다

나는 지고 있다고 인상 쓰지 않습니다

나는 파트너에게 불평하지 않습니다

나는 하수에게 조언할 때 단점에 앞서 칭찬을
먼저 합니다

나는 경기 중 지나친 세리머니를 하지 않습니다

나는 인-아웃에 있어 상대의 의견을 100%
존중합니다

나는 상대편의 판정이 오판이라 할지라도 받
아들일 수 있습니다

나는 셔틀콕 교체시 반드시 상대의 동의를 구
합니다

나는 실력차이가 난다고 포기하거나 성의 없이 치지 않습니다

나는 강자와만 편을 짜려 하지 않습니다

나는 셔틀이 상대를 맞추거나, 네트를 맞고 넘어갈 경우 꼭 사과합니다

나는 이미 짜인 팀에 누군가를 밀어내고 들어가지 않습니다

나는 다른 팀에서 부른다고 이미 짜인 팀에서 빠지지 않습니다

나는 기다리는 회원을 무시하고 계속해서 경기하지 않습니다

나는 클럽회원들의 사생활에는 관심이 없습니다

나는 경기 전 상대편과 파트너, 심판에게 정
중하게 인사합니다

나는 체육관에서 선후배를 떠나 항상 먼저 인
사합니다

나는 하루에 한 번쯤은 초심자와 난타를 쳐
줄 수 있습니다

나는 운동이 끝난 후 정리정돈에 솔선수범합
니다

PART 2

레벨 업
(Level up)

0 1

스트레칭 (Stretching)

엘리트 선수들은 훈련이나 시합 전에 거의 한 시간이나 공을 들어 스트레칭과 준비운동을 하며, 끝난 뒤에도 스트레칭과 가벼운 정리운동을 하면서 마무리한다.

이렇게 하는 이유야 간단하다.

부상 방지와 경기력 향상 때문이다.

그런데 동호인들은 시합 전후에 스트레칭마저도 전혀 하지 않는 사람이 대부분이라 깜짝 놀랐다.

직업이 의사인 관계로 부산에서 개업할 때 남성여중 배구부, 마산에서 개업할 때 성지여고 배드민턴부 선수들을 진찰했는데, 거의 모든 선수들이 크고 작은 부상을 달고 살았다. 오죽했으면 내가 "너희들은 선수 집단이 아니라 부상자 집단이구나!"하고 한탄했을까.

아니? 나이도 어려서 몸이 유연한 데다가 이렇게 공을 들여 워밍업(Warming up)과 쿨링다운(Cooling down)을 하는데도 부상에서 자유로운 아이가 없다니 정말 이해가 되질 않았다.

지금 생각해보니 아마 어린 선수들은 과사용 증후군(Overuse Syndrome)에 시달렸던 것 같다.

어릴 때부터 혹독하게 훈련을 받다 보니 누적된 피로가 제때에 회복되지 못해서 자칫 잘못되면 부상으로 연결되었던 것이 아닐까?

그러면 우리 동호인들의 경우는 어떨까?

배드민턴이라는 운동이 우리가 생각하는 것보다는

훨씬 격렬한 운동인 데다 나이가 들어 관절이나 근육과 인대에 탄력이 떨어져 있는 상태로 기본적인 스트레칭마저 생략한다면 바로 부상으로 이어지고 몇 달간 운동을 못 하게 되는 일이 다반사이다.

배드민턴 동호인들에게 흔히 잘 오는 병이 아킬레스건 염좌(심하면 파열)이며, 발목 염좌, 햄스트링 근육염좌, 테니스 엘보, 어깨 회전근개 파열, 무릎관절염, 요통 등이다.

그래서 제발 부탁하건대, 오랫동안 배드민턴을 즐길 수 있도록 무조건 운동 전에 최소한 10분 이상 기본적인 스트레칭만이라도 빠뜨리지 말자!

0 2

반복연습

당연한 말이겠지만 남들과는 조금 다른 선수로 레벨 업(Level up)하려면 남들보다 훈련에 좀 더 많은 시간을 투자해야만 되리라!

1. 서비스 연습

나 같은 경우, 초보시절부터 지금까지 십 년 이상 꾸준히 틈만 나면 하는 연습이다.

지금도 여건만 되면 레슨 공 한 박스로 다양한 코

스로 보내며 계속 연습하고 있다.

선수만큼은 아니더라도 숏 서브가 네트에서 10cm 이상 뜨는 경우가 거의 없어진 좋은 상태가 되었음에도 불구하고 말이다.

왜냐하면 서브가 경기를 시작하는 제1구이고 서브에 의해 우리 편이 공격을 할지 수비를 할지 즉각 결정지어지는 첫 단추이기 때문에.

골프에서 흔히 '드라이브는 쇼이고 퍼팅이 돈이다'라고 말하는데, 배드민턴에서는 '스매싱은 쇼이고 서브가 돈이다'라고 강력히 주장하고 싶다.

2. 그립 체인지와 태핑(Tapping) 연습

앞 기초 편에서 언급했듯이 자유자재로 포와 백 그립체인지와 태핑(Tapping)을 할 수 있어야 공격과 수비를 잘할 것으로 믿는다.

나의 경우는, 못 쓰는 라켓의 샤프트를 5cm 정도만 남기고 잘라버리고 여기에 납줄을 감아 라켓 무게와 비슷하게 맞춘 납줄 그립을 만들어, TV를 보거나 한가할 때마다 심심하면 연습을 하고 있다.

최근 시중에 완제품으로 나온 것도 있지만, 생각보다 가격이 비싼 점이 마음에 들지 않는다.

3. 스윙 연습(특히 백핸드 스윙)

마찬가지로 납줄 감은 그립으로 연습을 한다.

옛날에 온전한 라켓으로 연습하다가 천정을 흠집내고 거울 등등, 가구를 몇 개 깨어 먹고 난 뒤 궁여지책으로 나온 것이 바로 납줄 그립이다.

특히 동호인들의 공통 약점인 백핸드 클리어에서 힘을 실어 제대로 끊어치는 라켓 왕복운동을 연습하기에는 정말 제격이다.

4. 벽치기 연습

이 방법은 엘리트 선수들에게도 적극 권하는 연습이다.

연습을 거듭할수록 단기간에 스매싱 수비가 엄청나게 좋아지는 것을 실감할 수 있었다.

내 경우는 아파트 지하주차장 벽에 대고 열심히 연습했는데, 백만 번이 넘어가니 수비가 정말 좋아

졌고 덩달아 포, 백 그립 체인지도 더 빨라지는 것을 느꼈다.

여기서 팁(Tip)을 한 가지 드리면 셔틀콕을 그냥 치지 말고 셔틀콕 날개 16개 중에 교대로 반만 남기고(날개가 8개) 치면 공이 훨씬 빨라져서 연습하기가 더욱 좋아진다.

5. 스텝 연습

가장 기본적인 중요한 연습이지만 또한 동호인들이 귀찮아서 가장 소홀히 하는 연습이다.

레슨 때 교육받은 6가지 방향대로 경기 전에 혼자서 연습하면 좋겠다.

특히 백핸드 쪽 후방으로 빨리 빠졌다가 홈으로 빨리 돌아오는 연습을 많이 하길 바란다.

특히 평소 남들에게서 발이 느리다는 소리를 듣는 사람에게 꼭 필요한 연습이고, 여건이 되어 1:1 반코트 경기를 많이 하면 금상첨화인데 그 결과는 몰라보게 발이 빨라진다는 점에다가 덤으로 체력까지 좋아진다는 점이다.

6. 기마자세 연습

배드민턴에서 준비자세, 스매싱 리턴 자세 그리고 안정된 드라이브를 칠 때 꼭 필요한 자세로 가장 많이 요구되는 자세이다.

20분 경기를 넉넉히 소화시킬 수 있을 만큼의 근력과 체력을 지니도록 평소에 기마자세 연습을 충분히 한다.

7. 그 외 연습

배드민턴에 적합한 달리기는 장거리 달리기가 아니다.

이것보다는 인터벌 트레이닝(Interval Training)이 실제의 경기상황과 유사하여 경기운영에 훨씬 도움이 되기 때문에 20m 전력질주에 이어 15초 동안 걷는 스프린트 운동을 반복하는 것이 적당하다.

그리고 배드민턴에서는 공을 따라 빠르게 이동해야 하는 민첩성과 순발력이 핵심이기 때문에 이 특성을 잘 살려주는 줄넘기가 아주 좋은 운동인데 요즘은 게을러져 잘못하고 있다.

또한 손가락 쥐는 힘을 강화시키는 악력기도 자주 해야 하는데 그러지 못하고 있다.

다만 차에 비치해놓고 교통 정체로 차가 많이 막힐 때 한 번씩 할 뿐이다.

초보 때의 정열이 많이 식은 건지?

또 한때는 스매싱 파워를 좀 더 올려보고자 복근 강화운동의 하나로 윗몸 일으키기를 많이 했는데 허리가 자주 탈이나 하지 않고 있으며, 의학적으로도 최근 추세는 윗몸 일으키기가 허리에 무리가 된다는 이유로 금지하고 있다.

03

이미지 트레이닝(Image Training)

위약효과(placebo effect; 불면증 환자에게 소화제를 수면제라고 말하고 처방하면 환자가 숙면을 취하는 현상)을 처음 발견한 프랑스의 에밀 쿠에는 '상상력이 의지력보다 훨씬 강하다'는 놀라운 사실도 처음으로 밝혀냈다.

이는 의지력이 가장 큰 관건이라고 믿어온 이전의 사회통념을 완전히 뒤집는 말로써, 어떤 일에 성공하기 위해서는 의지력보다 상상력이 훨씬 더 중요하다는 의미를 가진다.

에밀 쿠에가 강조하는 상상력의 힘은 세 가지 법칙으로 요약된다.

1. 의지력과 상상력의 대결에서는 언제나 상상력이 이긴다.
2. 의지력과 상상력이 같은 방향으로 발휘되면 그 에너지는 단순한 합이 아니라 몇 배로 늘어난다. (상승효과)
3. 상상력은 스스로 조종할 수 있는 능력이다.

쉬운 예를 하나 들어보면, 아무리 자겠다고 결심해도(의지력) 졸린다고 상상하지 않으면(상상력) 잠들지 못한다는 엄연한 사실이다.

사실 상상력은 의지력보다 열 배 이상 강력한 힘이라서 이미 정상급 골프 프로선수 중에는 상상력 훈련방법 즉 이미지 트레이닝(Image Training)을 적극적으로 훈련에 적용해서 획기적으로 성적을 상위

권으로 진입시킨 사람이 많다.

그리고 나로서도 배드민턴을 하는 상상만 해도 실제 연습한 것과 같은 효과가 있다는 이 훈련이 너무 매력적이라 정신없이 바쁜 일상생활에서는 불가능하지만, 적어도 잠들기 전 5분 정도는 배드민턴에 할애해서 잘되지 않았던 샷이나 잘 풀리지 않았던 경기를 반추하고 내가 상상하는 멋진 샷을 마음속에 그리면서 잠을 청하곤 한다.

0 4

시합 불안(Competition Anxiety) 극복

비중 있는 중요한 시합 중에, 특히 초반에, 머릿속이 하얘지고, 손발은 뻣뻣해지고, 내가 넣을 서브가 꼭 네트에 걸릴 것만 같고, 갑자기 자신감 제로.

발은 땅에 얼어붙고, 세게 치면 꼭 실수할 것 같고, 아무 생각 없이 그냥 치기에 급급하고, 상대 전력이나 장단점 분석도 안 되고, 주의가 산만해지고, 게임에 집중도 안 되고, 반드시 질 거라는 생각만 들고……

이건 뭐지?

바로 시합불안(Competition Anxiety)이라는 불청객이다. 질식시킨다는 뜻을 가진 초킹(Choking)이라고도 하며 골프에서는 입스(Ips)라고도 한다.

사람 심리가 "코끼리를 생각하지 말라."고 하면 그때부터 자동으로 자기암시가 걸려 코끼리만 생각나듯이, 시합불안을 잊으려고 하면 더욱 거기에 빠지게 되는 것이 자연스러운 심리현상이다.

그러면 어떻게 해야 하나?

시합불안 증상이 나타나면 증상을 없애려고 노력하지 말고 있는 그대로 인정하면서 현재 벌어지는 상황에 주의를 돌려 좀 더 집중할 것을 권한다. 즉 **"지금, 여기!**('now, here!')"에 집중하라는 뜻이다.

천성적으로 소심하고 예민한 데다 혈액형 A인 나로서는 자주 일어나는 현상인데 아예 이 현상이 올지도 모를 중요한 시합에서는 미리 몇 가지 준비를 한다.

1) 긴장되면 천천히 심호흡을 한다.

2) 제자리 뛰기를 몇 번 한다.

3) '져도 이 한 게임이지 내 인생이 끝나는 것도 아닌데, 괜찮아.'하고 생각한다.

4) 그래도 긴장이 완전히 안 풀리면 타임을 걸고 물을 마신다.

0 5

비디오 분석(Video Analysis)

요즘에야 휴대폰이 있어 누구나 쉽게 자신의 플레이를 찍어서 다시 볼 수 있지만 내가 초보 때만 해도 일반인에게 비디오 분석은 낯선 영역이었다.

그 당시 다행히도 나에게는 8mm 비디오카메라가 있어서 중요한 내기게임이나 공식시합을 찍어 VHS(Video Home System) 테이프에 옮겨 TV화면으로 다시보기를 반복했는데 여기에서 얻었던 정보가 너무 많아 여러분들에게 꼭 자신의 플레이를 찍어서 분석하기를 강력히 추천한다.

누구나 자신의 플레이를 이렇게 화면으로 보면, 우선 상상 속의 나의 플레이와 실제로 보는 나의 플레이 사이에는 엄청난 괴리가 있다는 걸 실감하게 된다.

그래서 자신의 플레이를 마치 제3자의 측면에서 보듯, 보다 객관적이고 냉정하게 분석할 수 있게 되어 반성이 많이 되고, 잘못된 동작이나 습관, 잘못된 위치나 전술을 찾아내어 교정하고 발전시킬 수 있는 아주 좋은 기회가 된다.

특히 처음 볼 때는 보이지 않던 문제점이 계속 반복해서 보다 보면 서서히 눈에 들어오는 경우가 많으므로 최소 열 번 이상 반복적으로 시청하기를 권한다.

그래서 다소 귀찮더라도 자신의 플레이를 반드시 비디오로 분석할 것을 권하며, 특히 심적 부담을 많이 가지는 비중 있는 중요한 게임을 찍기를 권하는데, 여기에서는 평상시의 게임에서는 볼 수 없었던 과도한 긴장이나 동작들이 적나라하게 보이는 경우가 많기 때문이다.

06

경기 일기 작성

초보시절부터 지금까지 레슨받을 때 강조한 중요 사항, 경기 중에 느꼈던 점, 내가 고쳐야 할 사항, 앞으로의 나의 목표 등등을 습관처럼 꼬박 꼬박 적어오고 있다.

그래서 지금 와서 보면 초보 때의 기록 중에 우스운 것도 많고 '아, 그때는 내가 이런 것이 잘 안 되었구나!'하고 비교를 할 수도 있게 되었다.

여러분들은 이 대목에서 웃을지도 모르겠다.

"무슨 배드민턴 선수도 아니고 동호인 주제에 너무 심한 것 아니냐?"하고 말이다!

변명 같지만, 태생이 범생(?)이라서 그런지, 아니면 매사에 기록을 철저히 남기는 훈련을 받아서 그런지 그건 나도 모르겠다.

내가 불쌍하게 보일지도 모르지만, 사실 기록을 남김으로써 그 덕분에 오늘의 이 글을 쓸 수 있었는지도 모른다.

또한 틈이 나면 경기 일기를 한 번씩 보며 과거를 반성해, 시행착오를 줄일 수 있고 경기력 향상에도 도움이 되는 것이 확실하므로 보다 나은 내일을 꿈꾸는 동호인들은 나처럼 경기일기를 쓰면 좋겠고 그럼으로써 정말 단기간에 실력이 늘 것이다.

07

문답으로 풀어본 서비스 규칙

원래 서비스는 말 그대로 서비스한다는 뜻이다. 즉 상대가 편하게 받을 수 있도록 도와준다는 의미였지만, 치열한 승부 세계(?)에서 변질되어 가능한 불편하게, 심지어 서비스로 득점을 하려는 욕심까지 생겨 (특히 지고 있는 게임에서 전세를 역전시키고자 하는 욕심으로) 반칙이 성행하게 되었다. 결과적으로 배드민턴 경기 중 반칙의 90% 이상이 서비스에서 나올 만큼 반칙이 흔한 현상이 되어버렸다.

그런데 아주 불행한 일은 선수 자신이 지금 반칙을 하고 있는 것을 모른다는 데 있다. 설령 A조 선수라고 하더라도 서비스반칙을 하면 진정한 A조로 인정받기 힘들다는 사실을 쿨하게 인정하고 다시 한 번 자신의 서비스를 점검해보면 어떨까?

최근 BWF(Badminton World Federation, 세계배드민턴연맹)에서 개정한 서비스 규칙을 내 나름대로 알기 쉽게 문답형식으로 정리해보았다.

1. 받을 준비가 미처 다 되지 않았는데 상대가 서비스를 넣으면?

절대로 받으면 안 됨! 이 상황은 레트(Let)가 되어 다시 서비스를 한다. 일단 받는 동작을 해버리면 준비된 것으로 간주하여 그대로 진행해야만 함.

특히 서비스가 아웃인 것으로 생각하고 그냥 있다가 들어오면 준비가 안 됐다고 얌체처럼 우길 경우를 대비해서 설령 발은 움직이지 않아도 라켓을 움직이는 등 어떠한 받는 시도라도 in play(플레이가 진행 중)로 간주됨.

2. 서버와 리시버가 준비되었는데도 서비스를 즉시 하지 않고 지연시키면?

정지된 상태에서 필요 없는 지연(부당지연)으로 상대의 어필이 있으면 심판의 '주의(warning)'를 받게 된다. 정해진 시간 규정은 없으나 통상 4초를 기준으로 한다. 다시 한 번 더 부당지연으로 주의를 받으면 폴트(fault)로 실점하게 됨.

3. 서비스를 하기 전에 리시버가 미리 움직이면?

100m 달리기에서의 부정 출발처럼 리시버가 실점함.

서비스를 한 셔틀이 서버의 라켓을 완전히 떠나기 전까지는 절대로 서버와 리시버의 두 발 일부분이 반드시 코트 바닥에 붙어 정지되어 있어야만 한다는 규정에 위배됨.

4. 서버가 서비스를 넣으면서 폴짝 뛰면?

앞 3번과 같은 이유로 실점함.

5. 서버나 리시버가 선을 밟으면?

어떤 선이든 밟으면 라인 폴트(Line Fault)로 실점하게 됨.

특히 리시버는 선을 밟아도 괜찮을 거라는 생각은 하지 말 것!

6. 서비스를 넣을 때 라켓을 일단 뒤로 뺏다가 멈칫 정지한 후 넣으면?

반칙임.

서비스는 라켓이 정지된 상태에서 최초로 움직이면 지체 없이 바로 서브를 넣어야 하는데(서비스 전체 동작이 하나의 흐름임), 이는 지연시키는 동작에 속하므로 반칙으로 실점함.

7. 서비스를 넣을 때 라켓을 몇 번 흔들면서 넣는 게 습관인데 괜찮을까?

당연히 반칙임.

왜냐하면 서비스의 시작 시점은 라켓이 뒤로 갔다가 최초로 앞으로 움직이기 시작할 때를 말하는데, 라켓이 한번 앞으로 움직이기 시작하면 계속 끝까지 앞으로만 움직여야지 중간에 멈추거나 뒤로 올 수는 없는 규정 때문에 반칙이 됨.

8. 서비스를 넣었는데 잘못되어 라켓이 콕이 아니라 날개에 먼저 맞았다면?

설령 들어온다 해도 반칙으로 실점함.

서버의 라켓은 처음에 반드시 셔틀의 바닥(즉 콕 부분)을 먼저 쳐야 한다는 규정에 위배됨.

9. 바뀐 규정에도 옛날의 '허리반칙(Waist Over)'이 있나?

당연히 있다.

규정에 의하면 셔틀 전체가(콕이 아니라) 서버 라켓에 맞는 순간 서버의 허리 밑에 있어야 함. 이때 허리라 함은 서버의 양쪽 마지막 갈비뼈 바닥의 제일 낮은 부분을 잇는 가상의 선을 말하는데, 구체적으로는 통상적으로 접은 팔꿈치 높이를 말한다.

참고로 이렇게 개정되었지만, 그래도 하체가 긴 사람(롱 다리)보다 짧은 사람(숏 다리)이 불리한 문제가 해결되지 않기 때문에 조만간 BWF에서는 무조건 바닥에서 1m 10cm 아래 높이에서만 서브를 넣도록 다시 개정할 계획이라고 함.

10. 처음에 낮게 잡았다가 막상 넣는 순간 높이 들어넣는 사람들이 부지기수던데?

낮게 잡았다가 움직여 높이 넣는 것은 허용되나 라켓에 맞을 때의 셔틀의 최종 위치가 허리보다 높으면 앞 9의 규정에 의해 반칙임.

11. 그럼 규정에 옛날의 '손목반칙(Wrist Over)'도 있나?

손목보다 라켓이 위로 오면 안 된다는 규정은 없어지고 그 대신 셔틀에 맞는 순간 서버 라켓의 헤드와 샤프트가 반드시 수평보다 아래 방향을 가르켜야만 한다고 규정되어 있음. 라켓 구조상 헤드야 반드시 샤프트와 같이 가는 거지만 굳이 최근에 헤드를

문구에 추가한 것을 보면 그만큼 라켓의 방향이 아래로 가야 한다는 점을 강조하며 BWF 규정을 좀 더 강화하겠다는 의지라고 보여 진다.

이 규정에 따르면 우리가 구사하는 많은 롱 서브에서 셔틀에 맞는 순간 헤드와 샤프트가 수평보다 위로 향할 것 같으며, 특히 빠른 기습 드라이브 서브는 거의 대부분 반칙일 것이 분명하다.

특히 동호인대회에서는 심판 없이 자율적으로 시행하다 보니 경기가 불리해질 때마다 전략적으로 드라이브 서브를 남발하는 동호인들을 보게 되는데 '반칙을 통한 승리는 진정한 승리가 아니라 비겁한 승리'라는 점을 똑똑히 알았으면 하고 앞에서 언급했듯이 서비스를 말 그대로 서비스하면서 정정당당히 승리를 거두었으면 한다.

12. 서비스를 넣는데 헛치면?

당연히 실점.

즉 서비스 시작 시점인 서비스를 넣기 위해 라켓이

뒤로 갔다가 최초로 앞으로 움직이기 시작한 이후부터 셔틀콕을 놓쳤을 경우 폴트로 간주됨.

13. 복식에서 서버와 리시버의 파트너들은 어디에 위치해야 하나?

코트 내 어디에 있어도 상관없음. 단 서버나 리시버의 시야를 가리면 안 됨.

특히 혼합복식에서 전위에 선 여자가 남자 파트너의 서브를 의도적이든 아니든 살짝 가리는 반칙을 조심할 것!

14. 서비스나 리시브 순서가 잘못되면 어떻게 하나?

발견했을 당시까지의 점수는 유효하며 그때부터 바로잡아 경기를 진행함.

15. 서비스를 넣거나 받는데 라켓이 손에서 빠져 상대 코트에 들어 가버리면?

심판이 볼 때 날아간 라켓 때문에 상대방 플레이

가 방해되었다고 판단되면 폴트로 실점함.

16. '고정 높이제'가 무슨 말인가요?

세계배드민턴연맹(BWF)이 2018년 3월부터 시험 적용하고 연말 총회에서 최종적으로 확정한 규정으로, 현재 갈비뼈 아래로 규정한 높이는(앞 9항 허리 반칙 참조) 개별적 신장 차이와 판정의 애매함으로 논란이 많아 보다 객관적인 판정을 위해 높이를 고정시킨 규정이다. 즉 '서버의 라켓에 의해 셔틀이 쳐지는 순간, 셔틀 전체가 코트 바닥에서 1.15미터보다 아래에 위치해야 한다'는 규정을 말한다. (BWF 규정 9.1.6.)

그리고 꼭 기억해야만 될 것은, 만약 '고정 높이제'를 적용하는 대회라면 앞 11항 손목 반칙(라켓 샤프트가 아래쪽으로 향해야 함) 항목도 적용되지 않으며, 따라서 1.15미터보다 낮은 높이에서 드라이브 서브를 넣는 것도 반칙이 되지 않는다.

PART 3

실전 어드바이스

01

복식의 십계명

1. 서브를 짧고 낮게 하라.

2. 서브리턴을 띄우지 마라.

3. 가능한 한 공을 띄우지 마라.

4. 뜨는 공은 대부분 스매시하라.

5. 백핸드보다는 라운드 헤드로 쳐라.

6. 가능한 한 대각 스매싱은 자제하라.

7. 공격할 때는 라켓을 올린 상태를 유지하라.

8. 수비할 때는 준비자세를 유지하라.

9. 스매싱, 드롭은 두 사람 중간으로 보내라.

10. 공을 다양하게 쳐라.

02

시합에서의 십계명
(실전에서 중요해서 시합에 임할 때마
다 마음에 되새기는 글)

1. 항상 라켓 들고 준비

2. 공을 몸 앞에서 빨리

3. 스매싱, 드롭은 중간

4. 푸시는 잡아서 짧게

5. 짧은 공, 되면 앞으로

6. 언더보다는 헤어핀

7. 라켓면 보고 좌우판단

8. 서브리턴도 낮은 자세

9. 스매싱리턴 시 전진

10. 허를 찌르는 플레이

03

실전에 유용한 팁(Tips) 50

1. 경기 전 워밍업(Warming up)은 너무 많이 하지 마라.

진이 빠져 막상 본 경기에서 쉽게 지칠 수도 있다.

2. 난타를 칠 때 자신의 장기를 너무 보이지 마라.

상대편이 나의 장기를 금방 눈치챌지도 모른다.

3. 상대의 장단점을 경기 초반에 빨리 파악하라.

아무리 늦어도 코트 체인지할 때까지는 모든 파악이 끝나야 한다. 특히 대부분의 동호인에게는 약점인 백핸드 샷을 어떻게 구사하는지 유심히 살펴라.

아울러 두 사람 중에 누가 약자인지도 빨리 파악하라.

4. 경기 처음에는 항상 가볍게 플레이하라.

대개 경기 초반에는 몸이 덜 풀리고 긴장으로 힘이 많이 들어가기 때문에 반응이 늦어 실수가 잦다.

5. 이기고 있는 경기에서는 작전을 바꾸지 말고, 지고 있는 경기는 반드시 작전을 바꿔라.

코트 체인지할 때 16:10으로 지고 돌았다면, 작전을 바꾸지 않고 그냥 그대로 치면 31:20 정도로 끝날 가능성이 매우 높다.

6. 길이가 애매한 공은 그냥 치는 게 좋다.

인(in)인지 아웃(out)인지 판단이 모호할 때, 그냥 두면 대개 인(in)이기 때문에 후회하지 않으려면 차라리 치는 쪽이 낫다.

7. 공이 땅에 떨어지기 전까지는 라켓을 절대 내리지 마라.

라켓을 내렸다가 공이 올 때 급하게 올리면 반응이 늦어 실수가 잦아진다.

8. 복식에서 중요한 것은 누가 먼저 공격하느냐이다.

아무래도 공격이 수비보다는 이길 확률이 높기 때문에 선제공격을 하는 쪽이 이기는 경우가 훨씬 많다.

9. 무조건 공격이 아니라 공격할 좋은 공을 찾아서 하라.

공이 좋은 위치에 있을 때는 거침없이 과감하게 공격해야겠지만, 위치가 좋지 않거나 불안정한 자세에서의 무리한 공격은 실수를 유발해 절대 금물이다. 따라서 위치나 자세가 좋지 않을 때의 스매싱이나 드

롭샷은 반드시 실수가 나오므로 그냥 가볍게 반스매
싱하는 기분으로 처리할 것.

10. 결국 풋워크(Footwork)가 좋아야 한다.

너무나 중요한 말이다!

특히 드라이브, 푸시, 헤어핀에서 오른발(왼손잡이
는 왼발)이 따라 들어와야 한다.

발은 정지하고 몸만 들어왔거나 몸이 뒤로 빠지면
서 치는 샷은 어떤 샷이든 제대로 들어가는 공이 없
어 거의 반드시 실수한다.

따라서 모든 공을 몸과 발로 맞이하러 들어가면서
쳐야만 실수가 없다.

※ Part1_ 기초

23p_'배드민턴 세 가지 기본핵심'을 참조

---

11. 손이 아니라 발로 공을 쳐야 한다.

10항을 다시 한 번 강조하는 말임.

12. 왼손잡이를 조심하라!

무심결에 혹은 빠른 랠리 와중에 상대의 백핸드 쪽이라서 안전하게 보낸다고 생각했던 공이 왼손잡이의 포핸드 쪽에 걸려 강력한 샷을 두들겨 맞아 실점하는 경우가 한 게임에서 적어도 세 개 이상 나오므로 누가 왼손잡이인지 항상 신경을 써야 한다. 그래서 게임 중에 왼손잡이가 어디 있는지 잘 찾아라!

13. 상대의 빈 공간으로 공을 보내면 즉각 앞으로 들어가면서 푸시를 준비하라.

상대가 밀려서 치게 되면 대개 힘없는 공이 떠서 오기 때문이다.

14. 상대가 앞에 있을 때는 헤어핀으로 앞에 주기보다는 뒤로 가볍게 드라이브로 밀어라.

기다리고 있는 상대에게 쉬운 공을 보내지 말고 상대를 조금이라도 더 움직이게 해서 실수나 체력소모를 시키기 위해서.

15. 스매싱, 드롭의 코스는 가능하면 두 사람 중간으로 보내라.

이 또한 아주 중요한 말이다.

두 사람 마음이 헷갈리는 부분이 중간이라 둘 다 양보하거나 같이 휘둘려 라켓이 서로 엉키게 되는 경우가 많다.

그 외 좋은 점은 사이드 아웃될 위험도 없고, 상대방 리턴이 반구되는 각도(Angle of Return)에서 우리 편 전위에게 걸릴 확률이 높기 때문이다.

16. 공을 잡아서 상대의 모션을 보면서 쳐라.

공을 잡아서 치려면 먼저 빠른 발과 판단력으로 공의 낙하지점을 잘 잡아야 해서 공에 집중하기에도 급급한 단계라면 조금 무리한 부탁이지만, 그래도 게임 중 천천히 오는 공은 미리 동작을 만들어놓고 공을 보면서도 주변 시야에서 어렴풋이나마 상대의 움직임이 보이므로 상대의 모션에 반대되게 칠 수가 있다.

게다가 일단 기다렸다가 재빨리 치는, 즉 '기다림의 미학'을 구사하여 공을 '잡았다 치는' 타법을 구사하면 공의 속도도 2배나 빨라진다.

17. 복식에서는 네트 플레이 잘하는 사람이 잘 치는 사람이다.

엘리트 선수와 동호인의 차이는 샷 정확도, 페인트 동작, 스텝에서도 확실히 나타나지만 바로 이 네트 플레이에서도 정교함에서 확실한 차이가 있다.

앞의 기초 편에서 언급했듯이 복식의 특성상 전위에 의한 결정이 대부분이기 때문에 전위 역할이 매우 강조된다.

그런데 알고 보면 전위가 후위보다 결코 편하다고 말할 수가 없다! 그 이유는 첫째 셔틀이 상대 코트로 넘어가야만 비로소 파트너가 무슨 샷을 구사했는지 알 수 있다는 점, 둘째 앞에 떨어지는 공은 모두 커버해야 된다는 점, 셋째 대개 끝내는 공의 책임이 거의 전위에게 달려있다는 점, 넷째 앞에서 언급했듯이 공을 칠 것인지 안 칠 것인지 순간적으로 판단해야 한다는 점, 다섯째 파트너 스매싱에 대해 빠르게 제치는 대각선 리턴을 블로킹해야 한다는 점, 여섯째 간혹 파트너가 완전히 한쪽 구석으로 몰렸을 때는 본인이 반대편으로 오는 공을 잡아주러 나가야 한다는 점 때문이다.

18. 경기에서는 두 가지의 집중력이 필요하다.

하나는 현재 상황에 대한 것이고 또 하나는 경기 전체 흐름에 대한 것이다. 낮은 레벨일수록 현재 상황에 대한 집중력밖에 없다.

그래서 경기 후반에 상대방의 전술이 바뀌었는데도 알아차리지 못하고 경기가 끝나고 난 뒤도 자기 팀이 왜 졌는지 그 이유를 제대로 설명하지 못한다.

19. 스매싱 리턴을 겁먹지 말고 앞으로 들어가면서 받아라.

상대의 강한 스매싱에 대응하는 가장 좋은 방법은 무엇보다도 마음가짐이다! 일단 상대의 스매싱이 너무 세다고 겁을 먹거나 공포심을 가지는 순간 몸이 굳어져 버려 절대로 그 공을 제대로 받지 못한다. 그래서 감정이 아닌 이성, 즉 공포가 아닌 '내가 받는 순간에는 공의 속도가 줄어든다'는 생각으로 대응하는 것이 무엇보다 중요하다. 그래서 뒤로 물러서기보다는 오히려 한발 앞으로 들어가 받으면 더욱 공격적인 리턴이 되고 상대의 전위가 손을 쓸 수가 없는 빠른 리턴이 되리라.

20. 연거푸 3점 이상 내리 질 때는 타임을 걸어 물을 마시거나 셔틀콕을 바꾸어 분위기 반전을 시도하라.

상대방의 상승세를 꺾고 냉정함을 되찾는 기회를 만드는 데 필요한 조치이다.

21. 복식에서는 양 사이드를 적극적으로 공략할 이유는 없다.

양 사이드는 아웃이 잘되며 보다 안전하고 두 사람이 헷갈리는 중간코스가 훨씬 좋다.

22. 전위를 빠르게 지나가는 공은 될 수 있는 대로 건드리지 않는 것이 좋다.

건드리지 않았다면 후위가 여유 있게 받을 공을 건드리면 이미 타이밍이 늦어 공의 위력이 없고 떠버려 오히려 상대에게 좋은 공격기회만 주게 된다.

따라서 전위는 오로지 눈앞에서 처리할 수 있는 공에만 집중해야 한다.

23. 파트너는 비슷한 타입보다는 정반대가 더 좋다.

마치 결혼생활에서 서로 반대의 성격이 만나야 조화를 이루고 서로 보완해주는 이상적인 반려자(?)가 되듯, 경기에서도 서로 반대의 경기 스타일을 가진 조합이 대체로 더 좋은 결과를 가져온다. 그래서 내가 스매싱을 잘한다면 파트너는 전위 플레이에 능한 사람이 좋겠고, 그 반대의 경우도 마찬가지이다.

24. 드롭샷도 앞으로 들어가면서 해야 제대로 들어간다.

드롭샷은 약하게 쳐야만 하는 샷이라고 생각해서

소극적으로 몸이 빠지면서 치면 안 되며, 다른 샷처럼 공을 끌어안는 느낌으로 적극적으로 앞으로 들어가면서 쳐야 한다.

25. 푸싱할 때는 밀지 말고 짧게 끊어서 쳐야 한다.

밀어버리면 타이밍이 늦고 아웃이 잘된다.

따라서 손목은 일체 사용하지 말고(손목 고정!) 오로지 그립을 움켜잡는 기분(Tapping)으로만 처리해야 한다.

물론 이때 당연히 오른발(왼손잡이는 왼발)이 들어가면서 해야 하니까, 푸싱이라면 자동으로 손가락과 발이라고 머리에서 기억할 것!

26. 정확한 공 아니면 한 번 더 받는다는 기분으로 가볍게 쳐라.

공격하기 좋은 공인지 나쁜 공인지 순간적인 분간을 빨리해서 신중하게 처리해야 한다.

27. 네트 앞에서는 상대방 공을 예측하고 움직여라.

전위는 상대의 라켓 면과 동작을 보고 과감하게 도박을 걸어 예측 플레이를 할 수도 있는데 만약 그 예측이 어긋나더라도 그림자처럼 따라다닐 후위가 처리할 수 있기 때문이다.

28. 전위에서 상대방 공이 뜨면 과감하게 푸시로 결정지어라.

소극적으로 건드리거나 놓기보다는 좋은 공은 무조건 과감한 푸시를 하는 습관을 들여야만 실력향상을 기약할 수 있다.

29. 될 수 있는 대로 상대편이 자리를 벗어나게 만들어라.

상대가 편하게 공을 치지 못하고 한 발이라도 움직여서 받도록 전후좌우 계속 상대를 흔드는 다양한 공을 구사해야 한다. 즉 상대방의 인생을 고달프게 (?) 만들어야 잘한다는 칭찬을 받는다.

30. 될 수 있는 대로 백핸드보다는 라운드 헤드로 공을 처리하라.

백핸드보다는 라운드 헤드가 두세 발짝 더 움직여야만 하지만, 더욱 공격적인 샷이 나오므로 빠른 발과 강인한 체력을 바탕으로 될 수 있는 대로 라운드 헤드 샷을 구사해야 한다. 더욱이 백핸드로 칠 때 등을 돌림으로써 코트에서 시선이 떨어지는 위험을 라운드 헤드로 함으로써 방지할 수가 있게 된다.

31. 공이 조명 속에 들어갔을 때는 순간 재치로 클리어로 응수하라.

공에 접근할 때는 스매싱이나 드롭을 생각했더라도 공이 조명 속에 들어가 잘 보이지 않으면 더욱 안전한 클리어로 빨리 샷을 변경해야 한다.

32. 대각선 스매싱을 자제하라.

일단 상대방이 대각선 스매싱을 받게 되면 그다음 내가 뛰어야 하는 양이 많아지고, 상대에게 우리 코트의 빈자리를 많이 노출시키고, 반구 각도(Angle of Return)가 커져 버려 우리 전위가 볼을 처리하는데 훨씬 힘이 들기 때문이다.

33. 서비스가 너무나 중요하다.

특히 뜨면 우리가 바로 수세에 몰리므로 조심조심해야 한다.

그런데 아이러니하게도 수없이 연습해서 그렇게 잘 들어가던 서브가 오히려 시합에서, 특히 상대가 서비스 라인 가까이 바짝 붙어있으면 자주 떠버리게 되는 게 나의 문제다!

그래서 고민을 많이 했는데, 가만히 보니 엘리트 선수들의 경기에서도 특히 매치포인트 등의 심리적 압박이 극심할 때 나타나는 걸 보니 유독 나만의 문제만도 아닌 것 같다.

그래서 이럴 때 '상대가 잘하니까 서브를 더욱더 낮게 잘 넣어야지'하고 생각하지 않고 '지금 나는 어떤 서브를 간절히 원하고 그러려면 어떻게 해야 하나?' 하면서 상대가 누구인지 의식하지 않고 무시하

면서 내가 넣을 서브에만 집중하니까 서브가 뜰 확률
이 대폭 줄어들었다.

34. 시간이 나는 대로 자주 파트너와 소통하라.

게임을 풀어나가는데 두 사람의 생각이 다른 경우
가 대부분이다. 그런데도 경기 끝까지 서로 한마디
말도 없이 치면 거의 백전백패이다.

자주 의견 교환하면서 내가 발견한 상대편의 약점
도 알려주면 많은 도움이 된다. 인, 아웃도 치는 본
인보다는 옆에 있는 파트너가 훨씬 정확하게 본다.

그래서 파트너는 아웃인지 잘 보고 콜(Call) 해주
어야 할 의무가 있다.

그리고 두 사람 중간으로 오는 공을 어떻게 처리할
것인지 경기 전에 미리 의논해야만 한다.

35. 약자를 공격하라!

노약자를 보호해야 한다는 인도주의(?) 측면에서
는 한참 어긋나는 행동이지만 동네 게임이든 올림픽
이든 게임이라면 어쩔 수 없는 숙명이라고 하겠다.

조금이라도 약한 상대를 골라서 집요하게 공격하는 전술이야말로 가장 원시적이지만 가장 효과적인 전술이다. (마치 영화 주유소 습격사건에서 유오성의 대사 "난 한 놈만 골라서 패!"라고 하는 것처럼)

잘 알다시피 줄기차게 약자만 공격하면 파트너인 강자는 점점 초조해져 약자 쪽으로 쏠리게 되는데 이때 강자에게 급습하면 흔히 실수가 나온다.

(이처럼 경기에서는 사회적 통념과 반대되는 개념이 많다. 예를 들어 '코트에서는 사기꾼이 되라'면서 상대에게 최대한 페인트(Fake Motion)로 멋지게 사기를 치면(?) 박수갈채를 받는다.)

36. 시합 중에 파트너에게 지적하거나 머리를 절레절레 흔드는 등의 무시하는 제스처를 하지 마라.

특히 좀 친다고 하는 사람 중에 이런 부류가 많은데, 이런 행동은 적전분열이며 이적행위에 해당한다.

그런 지적은 평소 때 하는 것이고 고마운 충고로 받아들일 수도 있지만, 시합 중에는 긴장하고 있는

데다 그런 말을 듣고 당장 플레이를 바꾸기도 힘들거니와 가뜩이나 주눅이 든 파트너의 머리는 더 복잡해지기만 하고, 의기소침, 자신감 상실로 실수 연발을 하게 된다.

그러다가 자포자기하면서 대개 더러운(?) 기분으로 경기를 마치게 된다.

오히려 파트너에게 "그냥 하고 싶은 대로 편하게 쳐라" 하면서 심적 부담을 주지 않고 못해도 잘한다고 띄워주면 기가 살아 펄펄 날았을 텐데(칭찬은 고래도 춤추게 한다며?) 정말 안타까운 일이다!

그러면 우리가 경기 중에 파트너에게 해야 할 말은 뭘까?

앞에서 말한 정보교환 외에는 오로지 "파이팅!" 혹은 "나이스 샷!" 등 격려나 칭찬의 말뿐이다.

37. 복식에서는 파트너의 빈자리를 잘 메워주어야 한다.

복식에서의 움직임의 큰 줄기는 항상 파트너 반대

쪽으로 움직여야 한다는 점이다.

즉 앞이면 뒤로, 좌이면 우로 움직이며 호흡을 맞춰 서로 유기적으로 연결되어 코트 커버를 잘해야 한다.(마치 나침반 바늘 양쪽이 서로 반대로 움직이듯!)

반대로 한 곳에 둘이 몰려버리면 빠른 코트 커버가 이루어질 수 없다.

38. 공을 끝까지 주시하라.

헤어핀이나 드라이브뿐만 아니라 빠른 스매싱도 끝에는 속도가 느려지므로 겁먹지 말고 공을 끝까지 집중해서 주시하면 받아낼 수가 있다.

그런데 골프에서 레슨프로가 공을 치기 전에 공에서 일찍 시선이 떨어지는 것을 지적하며 "헤드업(Head up)하지마라."는 말을 입에 달고 살 듯, 흔히 우리의 경기에서도 날아오는 공에 라켓을 맞추기 전에 벌써 공에서 시선이 떨어져 상대편의 움직임이나 치려는 목표지점으로 향하기 때문에 많은 실수가 발생한다.

39. 시합에서는 생각이 너무 많아도 진다.

어느 정도의 작전과 상대방의 장단점을 파악해야 겠지만 이래 볼까, 저래 볼까 고민을 많이 하면 오히려 해롭다. (앞에서 파트너에게 지적하지 말라는 이유도 바로 이 생각이 많아지기 때문이기도 하다)

이럴 바엔 차라리 머리를 비우고 그냥 단순하게 공이 날아오는 결대로 무리 없이 치는 것이 결과가 더 좋은 경우가 많다.

40. 바둑의 고수처럼, 한 수 앞을 내다보자.

지금 내가 치는 샷 → 상대의 대응 샷 → 다음에 내가 칠 제3구까지 내다보고 플레이한다면 경기가 훨씬 수월하게 풀릴 것이다.

특히 이렇게 한 수 앞을 내다봐야 할 때가 서비스를 넣을 때와 서비스 리턴을 할 때다.

서비스를 넣을 때 막연하게 그냥 넣지 말고 구체적으로 '내가 이렇게 넣으면 상대가 이렇게 반응할 거고 그다음에 나는 이렇게 반응하겠다.'고 예상하고 서비스를 넣어야 한다.

마찬가지로 서비스 리턴을 할 경우, '상대가 숏 서브를 넣으면 이렇게 하고 롱 서브를 넣으면 저렇게 하겠다.'는 구체적인 계획을 세우고 그대로 밀고 나가야 한다.

41. 상대가 칠 때 상대의 몸을 보지 말고 라켓 면을 주시하라.

상대의 몸동작을 보고 판단하면 자칫 페인트에 속아 일을 그르칠 수도 있다. 경기 중에는 오로지 상대의 라켓 면만 보고 어느 쪽으로 올지 좌우 방향을 판단해야 옳다.

42. 체육관의 천장 높이에 민감하라.

작은 학교 체육관과는 달리 대형체육관은 천장이 높고 공기층이 두꺼워 샷의 비행 거리가 줄어든다. 따라서 클리어가 짧아져 스매싱을 두들겨 맞기 쉬워진다. 그 반면 작은 체육관에서는 같은 힘이라도 아웃이 잘되기 때문에 힘을 조절할 필요가 있다.

이렇게 경기장 환경에 따른 거리 조절을 위해 나는

텐션이 다른 라켓을 몇 자루 넣고 다닌다. 즉 줄을 맨 지 오래된 라켓은 자연스레 늘어나 있어 작은 체육관에 적합하고 금방 줄을 맨 라켓은 텐션이 높아 대형체육관에 적합하다.

또 한 가지 팁(Tip)을 드린다면, 내가 치는 클리어가 엔드라인 가까운 깊이로 충분히 날아가는지를 확인하는 방법으로 난타를 칠 때 내 클리어를 받는 상대의 발이 복식 서비스라인 가까이 있는지 여부를 점검하는 것이다.

43. 잘못된 판정에 너무 민감하지 하라.

자신의 판단과는 다른 인, 아웃 판정에 과도하게 흥분하는 동호인을 많이 보았다. 심지어는 분을 못 이겨 라켓을 집어 던지며 경기를 그만두는 사람들도 보았다. 특히 승부를 결정짓는 매치포인트에서는 더욱 그러리라!

물론 심정은 이해한다. 우리도 한갓 평범한 사람인지라 아무리 잊어버리라고 말해도 경기가 끝날 때까지 머리에서 계속 맴돌 수도 있다.

그러나 그 한 포인트가 자신의 경기 전체에 막대한 영향을 끼치는 것은 정말 불행한 일이다.

"오심도 경기의 한 부분이다."라는 멘탈이 중요하다.

분명한 사실은 이렇게 욱하고 흥분하면 할수록 상대편은 속으로 더 즐거울 것이라는 사실이다.

운명으로 순순히 받아들이고 빨리 머리에서 지워버리는 것이 더 높은 단계로 가는 지름길임을 명심하자.

44. 빠른 템포로 넣는 서브를 막아라.

경기 중에 리시버가 미처 심적 준비가 되지 않았거나 막 준비가 되는 순간, 휙 하고 서브를 넣는 사람이 있다. 이때는 대비할 충분한 시간이 없었으므로 절대 서브를 받으면 안 된다.

> ※ **Part2_ 레벨 업(Level up)**
> 93p_'문답으로 풀어본 서비스 규칙'을 참조

당황해서 받다 보니 제대로 된 리턴이 나오지 않는다.

하긴 지금 세계적인 추세가 상대편의 타이밍을 뺏으려고 빠른 템포로 서브를 넣는 선수들이 늘고 있기는 하지만.

대비책으로는 리턴을 어떻게, 어느 방향으로 할지를 완전히 마음속에 결정지을 때까지는 바닥을 보고 있거나 손을 들어 서브 넣는 것을 저지하면 된다.

45. 토스를 해서 서브권을 결정할 때, 서브가 아니라 코트를 선택하라.

어떤 체육관에 가면 유달리 한쪽 코트가 배경이나 조명이 좋지 않아(특히 흰색으로 칠한 벽은 최악이다!) 플레이하기가 힘든 경우가 있는데, 바로 이쪽 코트를 선택해야 한다.

그러면 코트 체인지 후인 경기 후반에 조금이라도 더 공이 잘 보이는 코트에서 경기를 할 수가 있어 경기를 역전시키거나 끝내기가 쉬워진다.

46. 상대가 자주 내 서브를 대시해 들어와 쉽게 끝내 버리면?

1) 서브를 넣는 시간에 변화를 주어라. 마음속으로 숫자를 세어 둘에 넣었다면, 다섯에 넣거나 일곱에 넣거나 하여간 불규칙적으로 넣어라. (단 서비스 규칙 중의 부당지연을 조심하고)

2) 서브를 짧은 것만 고집할 게 아니라 좀 더 길고 속도가 있는 서브로 변화를 주어라.

3) 서브 코스도 T자 가까이만 고집할 게 아니라 리시버 몸쪽으로도 주고 사이드 쪽으로도 주면서 상대의 대응을 살펴라.

4) 롱 서브 등으로 서브의 종류를 다양하게 해라.

47. 상대가 내 스매싱을 쉽게 쉽게 받는다면?

스매싱에 강약을 주어 70%의 힘으로도 줘보고 하프 스매싱도 섞어본다. 코스도 백핸드 쪽이 아니라 포핸드 쪽이나 수비가 힘든 오른 어깨 쪽으로도 해본다.

또 손목스냅을 사용하는 꽂히는 스매싱이 아니라 얼굴을 향하는 높은 드라이브 성 스매싱도 해본다. (이때 아웃 안 되게 조심)

이도 저도 안 되면 "아, 왕재수!" 하면서 드롭이나 상대의 백으로 보내는 드리븐 클리어를 자주 섞을 수밖에는 없을 것 같다.

48. 상대편 중에 약자에게 스매싱 공격을 하고 싶은데 약자가 대각선에 있으면?

바로 약자에게 스매싱 공격하다가는 직선 리턴으로 반격당할 수도 있으므로, 일단 대각선에 있는 약자에게 드롭을 하여 공을 떠오르게 한 다음 이제는 직선 상에 위치하게 된 약자에게 마음껏(?) 공격하면 된다.

49. 파트너가 넘어지거나 라켓을 놓쳐 전 코트를 혼자서 커버해야 되는 상황.

이때는 시간을 벌어야 하는 비상상황으로 일단 파트너 쪽으로 달려가는 척하다가 상대가 공을 치기 직

전에 방향을 바꿔 비어있는 자신의 자리로 빨리 돌아오면서 날아오는 공을 받는다. (안 오면 말고!)

50. 경기 전 나만의 고유한 루틴을 만들어라.

공식시합은 평상시의 경기와는 달리 긴장도가 많이 올라가므로 자신만의 고유한 루틴(Pre-Game Routine)을 만들어 매 게임마다 그대로 실행하는 것이 시합의 컨디션을 유지하고 심적 안정을 찾기에 좋다.

내 경험으로는 시합이라고 해서 평상시와 크게 다르게 변화를 주지 않는 것이다. 그리고 특히 시합 전날은 밤에 반드시 숙면을 취해야 하니까 커피 등의 카페인 함유물은 될 수 있는 대로 피하고, 경기장에 갈 때 차 안에서 긴장을 완화하기 위해 부드러운 발라드풍의 음악을 듣고(영화 내부자들에서 이병헌이 큰 일을 하기 전 반드시 '이은하의 봄비'를 듣던 것처럼!), 경기 직전 스트레칭과 시합에서의 십계명(※ 앞에 소개함)을 되새기는 것이다.

PART 4

대회 전략

이런저런 대회를 많이 다녔음에도 불구하고 아직도 낯선 경기장의 어수선한 분위기에 괜히 주눅이 들거나 사람들의 웅성거림, 시끄러운 안내방송으로 평소 클럽에서 치듯 편안한 마음을 유지하기가 힘들 때가 많다.

게다가 규정에 미치지 못하는 침침한 조명 시설이나 환기가 되지 않아 후텁지근한 공기, 게다가 벽면까지 흰색이라 셔틀콕을 분간하기도 힘든 학교 체육관 같은 대회장을 만나면 상황은 거의 최악이라고 봐야 한다. 다만 이럴 때, 우리가 위안으로 삼을만한 것은 '나만 불리하지는 않다!'는 분명한 사실이다.

이런 잡다한 경기 외적인 방해 요인들을 머릿속에서 깨끗하게 지워버리고 마음을 오로지 경기에만 집중하도록 초점을 맞추어야 경기가 잘 풀릴 것이라는 사실은 누구도 부정하지 못할 것이다.

이 말은 마치 터널 안에 있는 것처럼, 오로지 밝게 보이는 출구만을 쳐다보면서 다른 주변 시야에 보이는 것들은 의도적으로 무시해야 한다는 뜻이다.

그러려면 어떻게 해야 할까?

우선 경기 전날의 준비가 아주 중요하다.

흔히 엘리트 선수들도 똑같은 실수를 범하곤 하는데, 불안한 마음에 시합 전날이나 시합 당일에 평소보다 과도하게 더 많은 훈련을 하는 어리석은 실수는 피해야 한다. 즉 시합 전날은 가볍게 몸만 풀거나 한두 게임으로 컨디션만 간단히 확인하고 푹 쉬어야 한다.

아울러 경기 전날, 갑자기 새로운 기술을 배워 경기에 적용하려는 시도는 자기 자신에 대한 믿음을 흔들 수 있기 때문에 하지 않는 것이 좋으며, 굳이 한다면 확신을 가지기 위해 자신의 장기를 가볍게 확인해보는 차원으로 끝내야 한다.

내 경험에 비추어보면 경기 전날은 오히려 영화를 보거나 여행을 함으로써 배드민턴에 대해서는 아예 생각하지 않고 휴식을 취했을 때가 역설적이지만 결과가 훨씬 좋았다고 기억한다.

또한, 가능하다면 며칠 전부터 경기 시작 시각을 염

두에 두고 훈련 시간을 가짐으로써 신체적 리듬을 만들어 놓으면 더욱 좋을 것이다. 그리고 불면은 경기력 저하를 가져오므로 과도한 카페인 섭취를 피해야 한다.

여기에 하나를 덧붙인다면, 전날 밤 잠들기 전에 이미지 트레이닝 시간을 가져 내일 벌어질 시합에서 내가 어떻게 경기를 운영해서 승리를 거둘 것인지를 미리 상상해보기를.

대회장에는 최소 경기 시작 한 시간 전에는 도착해 있어야 한다. 그래야 대회장 분위기, 조명, 실내 바람의 방향 등을 파악하고 스트레칭과 가벼운 몸풀기를 할 충분한 시간이 생기게 된다. 이때 자신이 좋아하는 음악을 들으며 차분히 눈을 감고 명상에 잠기는 시간을 5분 정도 가진다면 더욱 좋을 것이다.

이렇게 각자 자신이 개발한 자기만의 고유한 루틴(pre-game routine)을 하면서 경기에 임하는 준비

자세를 갖추어야만 하는데, 내가 특별히 강조하고 싶은 것은 신체적인 준비만이 아니라 대부분의 선수가 소홀히 하기 쉬운 마음의 준비이다! 즉 아직 경기가 시작되지는 않았지만, 이미 마음속에서는 경기 외적 요소를 모두 지워버리고 오직 경기 자체에만 집중하는 마음가짐을 완전히 갖춘 상태가 되어야 한다는 뜻이다.

말하긴 조금 뭣하지만, 나의 경우는 이 시간에 반드시 화장실에 가서 대변을 보려고 한다. 그렇게 하면 신기하게도 긴장이 풀리고 몸도 가벼워져 내 몸이 경기하기에 좋은 상태로 변하는 느낌이 오기 때문이다.

이렇게 긴장을 풀면 좋은 이유를 의학적으로 설명한다면, 경기에서의 모든 동작은 수없이 반복되어 만들어진 절차 기억에 속하기 때문에 거의 무의식적인 반사 동작처럼 자동으로 수행해야 되는데, 긴장이나 스트레스로 우리의 의식이 과도하게 관여하는 순간 자동으로 나와야 할 절차 기억에 문제가 생겨 쓸데없는 힘이 들어가고 동작이 어색해져 결과적으로 평소 플레이가 아닌 실수가 계속 나오기 때문이다.

불교에서 '평상심시도(平常心是道)'란 말이 있는데, 이는 번뇌가 없이 일상생활의 하나하나에 몰두할 수 있는 평상시의 마음이 곧 도(道)라는 가르침을 뜻하는 말로써 도를 닦는 궁극적인 목표가 바로 이 평상심이라는 경지라고 한다. 그처럼 우리도 일단 시합에 들어가면 누구나 그러하듯 가장 신경 쓰는 부분이 '어떻게 평소처럼 평상심을 가지고 긴장하지 않으면서 편안하게 움직일까?' 하는 점일 것이다.

그런데 사람 마음이라는 게 시시각각 구름처럼 변하기 때문에 경기를 하다 보면 반드시 흔들리는 고비가 오기 마련인데, 이럴 때 나는 크게 심호흡을 몇 번 하거나 가볍게 제자리 뛰기를 하거나 마음속으로 '파이팅!'을 외치기도 한다. 그리고 심판의 오심 판정이나 네트 맞고 실점하는 경우에도, 이 모든 것을 모두 경기 외적 요인으로 간주하여 크게 신경 쓰지 않고 빨리 머

리에서 잊어버리려고 애쓴다. 왜냐하면 통계적으로 볼
때, 상대에게 유리한 경우와 나에게 유리한 경우가 확
률적으로 똑같을 테니까.

정말 중요한 사실은 나의 감정을 가능하면 드러내
보이지 않으려고 노력한다는 점이다.

경기를 하다 보면 반드시 실수라는 게 튀어나오기
마련인데, 특히 너무나 쉽게 끝낼 공을 어처구니없이
실수했을 때도 '엘리트 선수를 포함해서 누구나 이런
실수를 할 때가 있다'는 생각을 하며 빨리 머리에서 지
워버리려고 애를 쓴다.

만약 이런 실수를 빨리 머리에서 지워버리지 못한다
면, 그다음의 계속되는 경기에 바로 영향을 미쳐 연속
적으로 실점할 수 있으므로 이렇게 황당한 실수를 했
을 때도 무덤덤한 태도를 보이려고 노력한다.

그리고 이건 비단 내 경우에 국한해서뿐만 아니라
내 파트너가 쉬운 공을 실수했을 경우도 똑같이 태연
한 반응을 보여 주려고 매우 조심하고 있다. 왜냐하면

우리 모두는 자신이 저지른 실수에 대해 상대편보다 자기 파트너가 보여주는 실망이나 짜증스런 반응에 훨씬 더 민감해지고 상처를 많이 받기 때문이다.

경기에서 과도한 액션이나 표정 변화를 보이지 말라고 내가 극구 주장하는 또 한 가지 이유는 바로 내가 그렇게 할수록 상대편은 더욱더 기가 살아날 것이기 때문이다. 그래서 비록 속으로는 떨리고 불안해도, 겉으로는 여유 만만한 표정으로 머리를 꼿꼿이 들고 자신감에 찬 모습을 보이려고 노력해야 한다.

이렇게 노력하다 보면 점점 아주 자연스럽게 태연하고 대범한 모습을 상대편에 보일 수 있게 되어 상대편을 주눅이 들게 하거나 불편하게 만들 수 있게 된다. 그러나 어쩌다 도저히 억제할 수 없는 감정이 생길 때면 반드시 상대가 내 표정을 읽지 못하도록 상대에게서 등을 돌려 표현하곤 한다.

실제적인 경기 운영 면에서도 주의를 기울여야 할

부분이 있다.

동호인 대회는 거의 대부분이 선수 대기 시간이 너무 길어 준비되었던 몸이 식어버릴 경우가 다반사이다. 이럴 때 막상 경기에 들어가면 몸이 풀리지 않아 초반에 대량 실점을 하는 경우가 흔히 있다. 따라서 대기 시간에도 대기 의자에 가만히 앉아있지 말고 가볍게 제자리 뛰기를 하거나 빈 스윙을 하면서 몸을 계속 준비시켜야 한다.

경기 초반은 아직 몸이 덜 풀렸기 때문에 신중히 운영해야 할 것이고 너무 욕심내지 말고 공을 안전하게 중간으로 많이 보내고, 후반에 몸이 완전히 풀리면 구석을 노려볼 수도 있겠다.

초반에는 이런저런 시도로 실수가 나오기 마련인데 후반에서는 초반에서 저지른 똑같은 실수가 나오지 않도록 관리해야 한다. 그리고 특히 마지막 서너 포인트를 남긴 끝 부분이 아주 중요하다고 보는데, 이때는 정말 마음을 다잡아 초집중해야 한다.

즉 경기 막바지에 올 때까지 관찰한 상대의 약점들

을 잘 기억해두었다가 이때 집중적으로 약점 공략에 나서야 하며, 오로지 '상대도 나만큼이나 지쳤다!'는 생각을 하며 끝까지 분발해야 한다.

매치포인트를 잡았거나 잡혔을 때에 사용할 비장의 무기 하나 정도는 감춰두어야 한다.

예를 들어 특별한 서브나 서브리턴 혹은 특별한 전술 변화 같은 것을 말하는데, 여태까지 상대방이 한 번도 본 적이 없는 샷을 사용하라는 뜻이다. 이 샷이 비록 가공할 무기는 아닐지라도 전혀 예상하지 못하는 샷에 상대가 당황하게 되어 균형이 무너질 수 있기 때문이다. 그리고 두말할 필요도 없이 이때 사용하는 숨겨 놓은 샷은 실수할 확률이 아주 낮은 샷이어야만 한다. 아니면 내가 더 위험해질 수도 있다.

피하고 싶겠지만 경기하다 보면 어쩌다 듀스 없는 동점 상황이 되어 이제는 정말 마지막 한 포인트로 승부가 결정되는 막다른 운명의 순간이 올 때도 있다. 이때 선수들은 과연 마음속에서 무슨 생각을 할까?

아마 생각이 많아질 것이고 '실수하면 어쩌나?' 하는 걱정에 몸이 경직되어 평소 플레이를 못 해내는 선수들이 대부분일 것이다. 그러나 이때야말로 누가 멘탈이 더 강한지 판가름하는 축복의 시간으로 받아들여야 한다. 이때야말로 복잡했던 머릿속을 깨끗하게 비우고 오직 셔틀콕에만 온 신경을 집중해서 평소 때 하던 플레이만 유지한다면 그 결과는 반드시 좋을 것이라고 장담한다.

체력 면에서도 상대에 밀리지 않으려면, 경기 도중에 수시로 물을 마셔 탈수로 인한 체력 저하를 미리 방지해야만 한다. 그리고 아무리 압도적인 점수 차이로 이기고 있더라도 절대 방심해서는 안 되며, '매치포인트가 끝날 때까지는 절대 경기가 끝난 것은 아니다!' 라는 지극히 당연한 사실을 항상 잊지 말아야 한다. 왜냐하면 상대도 나만큼의 기량을 가지고 있으니 금방 뒤집힐 가능성이 있기 때문이다.

또한, 만약 점수가 여유 있다고 한 번이라도 느슨하게 풀어버리면 다시 조이기가 정말 힘들다는 냉정한 사실도 반드시 기억해야만 한다. 이 또한 느슨하게 풀어주는 플레이로 수많은 경기를 역전당해 본 쓰라린 경험에서 우러나온 말이다.

이건 몇 번밖에 없었던 귀한 경험이었는데, 신기하게도 시합 중에 오직 나와 상대편, 그리고 네트와 셔틀콕만 보일 때가 있었다. 즉 주변의 관중이나 심판, 소음 등은 눈에 들어오지 않고, 마음은 조용하고 편안하며, 몸은 가볍고, 셔틀콕은 상대적으로 크게 보이며 천천히 날아와 내가 마음먹었던 곳으로 정확히 보낼 수 있었던 그런 경험 말이다. 이걸 사람들은 흔히 존(zone), 혹은 흐름(flow)의 경지에 들어갔다고 표현하던데….

이처럼 존(zone)에 진입했을 때의 경기 결과가 매우 좋았기에, 욕심 같으면 모든 경기를 존에 들어간 상태로 했으면 정말 환상적이겠는데, 이런 이상적 경지에 들어가서 마음먹은 대로 경기할 기회가 쉽게 찾아오지는 않았다. 그래서 아직도 의도적으로 존에 진입하려면 어떻게 해야 하나 하고 그 방법을 열심히 찾고 있는데, 현재까지 내가 찾아내었던 완벽한 존 진입 조건은 세 가지이다.

'첫째 평소 열심히 훈련하고, 둘째 시합 전날은 푹 쉬고, 셋째 시합 때 주의를 산만하게 하는 모든 경기 외적 여건들을 철저히 무시하자!'는 것이다.

내가 즐겨 사용하는 용어 중에 '연습용 선수'와 '시합용 선수'가 있다.

평상시에는 어려운 공도 척척 쉽게 받아넘기는 선수가 이상하게도 비중 있는 대회에 나가기만 하면, 특히 승부를 좌우하는 중요한 고비에서 매번 제 실력의 반도 발휘하지 못하고 손이 '오그라들어' 실수를 하면서 허무하게도 경기를 망쳐버리는 경우를 흔히 보게 된다.

이런 연습용 선수에 비해, 평소에는 그다지 잘 치는 것 같지 않아 크게 기대도 안 한 선수가 시합에만 나가면 이상하게도 펄펄 날아다니는 선수도 있다. 물론 말할 것도 없이 나를 포함한 그 누구라도 전자가 아니라 후자인 시합용 선수가 되고 싶을 것이다.

흔히 선수 기량을 두고 말할 때, 대개 80%는 기술과 체력, 나머지 20%는 멘탈이 차지한다고 하는데, 이 말이 뜻하는 바는 기량이 엇비슷한 선수끼리는 바로 각 개인이 가지고 있는 멘탈의 강약에 따라 승부가 결정된다는 뜻이리라. 이처럼 멘탈이 승부에 직접 영향을 주는 결정적 요소임을 모든 사람이 인정하는 바이지만, 과연 순간순간 변하는 멘탈을 어떻게 관리하고 강화하느냐는 정말 난처하고 어려운 문제라고 생각한다.

사실 나 자신의 경험에 비추어 봐도, 나는 이전에 전형적인 연습용 선수라서 상대의 사소한 말 한마디나 행동으로 바로 평정심을 잃고 허무하게 그냥 무너져버린 경험이 한두 번이 아니었다.(그래서 거기에 자극을 받아 배드민턴의 멘탈에 대해 깊이 고민하게 되었고 이 글도 쓰게 되었지만….)

게다가 아무리 '명성에 기죽지 말자!'라고 생각해도

상대 선수가 잘한다는 말을 전해 들었거나 과거 전적 상 한 번도 이겨본 적이 없는 상대를 만나면 시작하기도 전에 벌써 주눅이 들었다. 상대편을 응원하는 소리가 자꾸 신경 쓰이고 '난 잘되지 않을 거야.' 혹은 '최선을 다해도 반드시 난 질 거야.'라는 부정적 자기 암시가 생기는 등등.

이런 모든 부정적인 요소들을 머릿속에서 깨끗이 지워버리고, 어떤 힘든 상황이 오더라도 '평상심만 유지하면 못할 게 없다!'는 긍정적인 사고방식으로 나아가고 있다. 단순하게 '준비' 또는 '집중'이라는 말을 마치 염불(?)처럼 계속 중얼거리면서, 터널 속에서 오직 출구만을 쳐다보고 덤덤하게 걸어가듯 경기에만 몰두하면 내가 마음먹은 대로 경기를 주도하는 날이 오리라 굳게 믿으며 오늘도 명실상부한 시합용 선수가 되기 위한 멘탈 강화에 계속 노력하고 있다.

글을 마무리하며

    나름대로는 동호인들의 기량 향상을 위해 보다 핵심적이고 중요한 내용을 가능한 한 빠짐없이 언급하려고 노력했지만, 막상 끝맺으려고 하니 미흡한 부분이 없지 않을까 한 편으로는 걱정이 된다.

    돌이켜보면 초등학교에 다니던 6년 내내, 가을 운동회 때마다 달리기에서 꼴찌를 벗어나 본 적이 없던 발이 유난히 느린 아이가, 연필 한 자루라도 상으로 받아보지 못한 게 천추의 한恨(?)이 되고 자존심 상하는 콤플렉스가 되어, 제일 못하는 게 운동이지만 남보다 잘한다는 소리 한번 들어 보겠다는 일념으로 그동안 야구, 골프, 테니스를 거쳐 지금의 배드민턴을 하게 되었고 오랫동안 꾸준히 운동한 결과 지금은 다행스럽게도 발이 느리다는 말은 면하게 된 점이 무엇보다 감사할 따름이다.

이제 와서 느끼는데 운동에서는 선천적인 재능이 물론 중요하겠지만, 후천적인 노력으로 얼마든지 부족한 부분을 보완할 수도 있다는 희망적인 사실이다!

그리고 그 대표적인 예가 바로 지금의 '나'라고 자부하는 바이다.

뒤늦은 50대에 시작했지만, 60대에 와서는 파트너에게 민폐를 끼치지 않고 당당하게 한몫을 하는 동호인이 된 것을 보면.

"내가 그 정도 노력했으면 선수를 하고도 남겠다!"고 말씀하신다면야 더 할 말이 없지만…

다른 동호인들도 이런 나를 보고 희망을 품고 노력하시기를 부탁하면서 이만 마무리하고자 한다.

초판 1쇄 발행 2017년 02월 27일
개정판 1쇄 발행 2019년 11월 05일

지은이 이종인
펴낸이 김양수
표지 본문 디자인 곽세진   **교정교열** 장하나

펴낸곳 도서출판 맑은샘   **출판등록** 제2012-000035
주소 (우 10387) 경기도 고양시 일산서구 중앙로 1456(주엽동) 서현프라자 604호
대표전화 031.906.5006 **팩스** 031.906.5079
이메일 okbook1234@naver.com   **홈페이지** www.booksam.co.kr

ISBN 979-11-5778-402-8 (03690)